ノンフィクションライター
諸岡宏樹

実録 性犯罪ファイル

猟奇事件編

TETSUJINSYA

実録　性犯罪ファイル　猟奇事件編

まえがき

『週刊実話』で連載中の「男と女の性犯罪実録調書」は、裁判傍聴や事件関係者への取材を行い、実際の性犯罪事件の詳細を時系列に沿って描いたルポルタージュである。

この原稿を書いていると、50本に1～2本の割合で、背筋がゾクッとする事件が現れる。現実社会で起きたリアルな犯罪にも関わらず、そのままホラーマンガの原作にできそうな事件である。

たとえば、日野日出志のホラーマンガ『胎児異変　わたしの赤ちゃん』（ひばり書房）には、「赤い花」という話が収録されている。

ある花作りの大家には恐ろしい秘密があった。人間の女を殺し、遺体をバラバラにし、たまった血をガラスの容器に入れ、花の種を漬け込む。肉を切り刻み、骨は石臼で粉にして、髪はみじん切りにする。それを冷蔵庫に貯蔵し、七日間の断食を経て、女の肉体を食す。排泄物もカメにためておいて、肥料にする。

「これもまぎれもなくお前だ、ふふふ…」

というセリフが何とも恐ろしい。そして拙連載「男と女の～」の中でも、似たような事件が登場するのだ。

理解不能なフェティシズム、恐怖の愛としか言いようがないストーカー、鳥肌が立つような残酷事件、何の罪の意識もないサイコパス、霊の存在を疑うようなミステリアスな事件……これらで性犯罪のダークネスホラーという一つのジャンルが確立するのではないか。エロスとホラーは実は近い。

本書では、それを体感してもらうために、各章に分けてダークネスホラーの世界を綴っていきたい。事実はフィクションよりも奇なり。布団にくるまって震えながら読んでいただきたい。

実録　性犯罪ファイル　猟奇事件編

目次

第4章 謎の事件

第5章 残酷事件

第6章 サイコパス

第7章 被害者の闇

第8章

犯人は誰だ

本書は『週刊実話』(日本ジャーナル出版)の連載「男と女の性犯罪実録調書」を書籍化したものです。書籍化にあたっては、改稿、再編集を行っています。本書の登場人物は全て仮名です。(編集部)

第1章

フェティシズム

2011年8月　愛知県豊川市・岐阜県下呂市

内臓を見るために女性2人を殺したネクロフィリア

〈この下に白骨死体あり。110番通報頼む〉

こんなメッセージが書かれた三角表示板が山道に置かれているのを通勤途中の旅館の仲居が発見したことから、世にも奇怪な事件が幕を開けることになった。

通報を受けた地元警察が付近を捜索したところ、ほぼ白骨化した女性の遺体を発見。その遺体は1カ月前から行方不明になっていた高山由香里さん（44）であることが分かった。

由香里さんは3人の子供を持つ主婦だったが、4年前に離婚。3年前には地元の男性と再婚し、一番下の子供を連れて、3人で暮らしていた。がんで闘病中の夫に代わり、コンビニやビジネスホテルなどで働き、一家を支えていた。

実はこの事件が発覚したときから、警察は犯人と思われる男の奇妙な行動を把握していた。遺体が発見される1週間前、「山中で遺体を発見した」という110番通報を受けていたのだ。

その内容があまりにも具体的だったため、道案内を頼んだが、「関わりたくないので勘弁して」と言って電話を切った。警察は現場付近を捜索したが、降雪の影響などもあって、遺体を見つけることができなかった。

警察は被害者の交友関係を捜査するうち、勤務先のコンビニで同僚だった清川明雄（46）を浮上させた。清川の携帯電話の発信記録を調べたところ、遺体発見前にかかってきた奇妙な110番通報の発信元と一致した。

清川は警察に任意同行を求められたが、その際に契約が切れたもう一台の携帯電話を大事そうにセカンドバッグに入れたところを捜査員は見逃さなかった。

その携帯電話を調べたところ、「死に際」というフォルダがあり、「グェン・ティ・トゥイ」というベトナム人女性の名前と共に、遺体を切り裂いた写真などが5枚発見された。

「何だこれは？」

しかもその写真には撮影日時と共に、〈寝ている娘の頭めがけて鉄パイプを振り下ろし、首を絞めて殺した〉という犯行の経緯が小説のように書かれていた。写真は性器が写ったものが2枚、ほとんど全裸で寝て

被害者と知り合った勤務先のコンビニ（岐阜県高山市）

家宅捜索が入った清川の実家（岐阜県高山市）

いるものが1枚、遺体を切り裂いて内臓を露出させているものが2枚あった。

警察は5年前に発生し、未解決事件になっていたベトナム人女性殺人事件の捜査本部に連絡。清川の自宅を捜索したところ、被害者の血痕がついた果物ナイフや鉄パイプを発見。被害者の遺体から検出された唾液のDNAが清川のものと一致したことから、まずはベトナム人女性のグェン・ティ・トゥイさん（24）に対する殺人容疑で逮捕した。

動かぬ証拠を突きつけられ、清川は犯行を認めた。事件当時はトラック運転手をしていた。トゥイさんが住んでいた自宅アパートは、運転手たちが休憩に使うオートレストランの前にあった。トゥイさんは同郷の若い男女とアパート前でよく談笑していた。

事件前、トゥイさんを見かけた清川は一方的に一目惚れ。トゥイさんの住んでいたアパートの部屋をベランダ側に回って覗くようになり、ある日、1人で寝ている姿を確認。玄関ドアを回したところ、無施錠であることに気付いた。

「チャンスだ。襲うことができるかもしれないぞ！」

清川は千載一遇のチャンスに舞い上がり、車に鉄パイプなどを取りに行った。そして、寝ているトゥイさんの頭にいきなり鉄パイプを振り下ろしたのだ。

「ギャーッ！」

悲鳴を上げたトゥイさんに馬乗りになり、首を絞めて殺害。衣服をまくりあげて乳房を舐め、パンティーを引き下ろして、陰部を携帯で撮影した。

さらにここからが清川の異常なところで、台所にあった果物ナイフで胸を切り裂き、手を差し入れて内臓を露出させ、携帯で撮影。その傷口から血液を飲んだような痕跡もあった。

トゥイさんの遺体は翌朝に戻ってきたルームメイトのベトナム人女性が発見した。ただちに警察に通報したが、交友関係からは清川は当然浮上せず、事件は未解決のままだった。

トゥイさんの遺体を見た当時の雇用主は次のように語っている。

「トゥイさんは布団の上で横たわっていたが、何か不自然な感じがした。遺体を見たときに何で血がないんだと思った。布団にもシワ一つない。不思議でしょうがなかった。警察にも言った。死んだときに何でこんな形で…。不思議な遺体だった」

一方、清川は事件の1カ月後に遅刻などが原因で運送会社をクビになり、生活の困窮などからひったくり事件を起こした。

その捜査ではトゥイさん事件は発覚せず、窃盗罪のみで起訴され、懲役1年2カ月執行猶予3年の有罪判決を受けた。その後、地元に戻ってコンビニで働き始め、そこで知り合ったのが高山由香里さんだった。

清川と由香里さんは早朝のシフトが重なることが多く、親しい関係になった。事件の半年前には男女の関係になったが、その直後、由香里さんは別でアルバイトしていたビジネスホテルの同僚の男性とも男女関係になり、2人の間で揺れ動いた由香里さんは、清川とは別の男性を選び、清川には別れ話を切り出した。それに清川が納得せず、ヨリを戻すためにトラブルになっていた。

由香里さんの失踪当日、遺体発見現場の近くのトンネル付近で由香里さんと清川が会っているところが目撃された。その現場には由香里さんが乗っていた軽自動車が乗り捨てられていた。

清川は由香里さんと会っていたことや、警察に「遺体を発見した」という通報をしたことは認めたが、次のような言い訳を重ねて殺害や死体遺棄は否認した。

「彼女を車に乗せて、『道の駅』へ行ったが、そこで口論になり、彼女は車から降りてしまった。自分はその日、コンビニでの勤務のシフトが入っていたので、彼女をそこに置いたまま、店に向かった。彼女はその後、別のトラブルに巻き込まれて殺害された可能性がある。遺体を発見したのはドライブ中、たまたま彼女の死体が見えたから。自分は彼女と不倫関係だったので、彼女の夫にバレたらマズイと思ったし、犯人なら自分から通報したりなんかしない」

だが、家宅捜索の結果、由香里さんのＤＮＡを含む皮膚片が清川の車のトランク内にあったネックストラップから採取され、清川が所持していたデジタルカメラのメモリーからは由香里さんの遺体の画像が発見された。トゥイさんの遺体の画像と同じように、由香里さんの陰部を撮影したものや、胸を切り裂き、手を差し入れて内臓を露出させた画像も残されていた。

検察側は「被害者に暴力を加えて死亡させ、山中に捨てた」と断定。遺体発見現場が標高1000メートルを超える山岳地帯で、地元住民が誰一人、遺体に気付かなかったという状況を立証するため、地元の郵便局員などにも法廷で証言させた。

「被告人の主張はあり得ない偶然に満ちていて、話を作り上げているのは明らか。被告人が犯人でなければ、合理的な説明がつかない」

清川は2つの事件の間に窃盗罪で有罪判決を受けていたため、併合罪は適用されず、別々の事件として審理されることになった。

その結果、トゥイさんに対する殺人罪で無期懲役、由香里さんに対する傷害致死罪では求刑を5年上回る懲役20年を言い渡された。清川には刑法の規定で無期懲役が先に科されることになった。

「被告人が犯人であることは明らか。欲望の赴くままに犯行を繰り返しており、法律上選択し得る最高刑を持って臨むほかない」

死体に性的興奮を覚える異常性癖をネクロフィリアと呼ぶ。海外には報告例が多いが、こうした性的倒錯者は孤独を紛らわすため、何年も殺人などを空想し、やがて強烈な刺激を求め始める。

清川も少年時代から「ばい菌」などとからかわれ、その反撃もしてこないことから、「面白味のない奴」として、誰の印象にも残らないほど孤独な男だった。そんな男が長年にわたり、ネクロフィリアの空想を膨らましたのだろうか。

もっとも清川はその性癖を否定し、「なぜそんなことをしたのか分からない」と繰り返した。清川の心の内は誰にも分からないが、清川が再びシャバに帰ってくる可能性はゼロだろう。

ベトナム女性殺害

高山の男を起訴

殺人、強姦致死罪など

[redacted]被告

愛知県豊川市で2006年、ベトナム国籍の[redacted]さん＝当時(24)＝が殺害された事件で、名古屋地検は27日、殺人と強姦（ごうかん）致死などの罪で、高山市の元コンビニ店員[redacted]容疑者(46)を起訴した。

起訴状によると、[redacted]被告は06年7月28日午後11時50分ごろから翌29日午前8時半ごろ、暴行目的で豊川市赤坂町にあったアパートの[redacted]さんの部屋に侵入し、頭を鉄パイプのようなもので数回殴った上、両手で首を絞めるなどして殺害したとしている。

捜査関係者によると、事件の約1年半前、運送会社の運転手をしており、仕事で現場を訪れた際に[redacted]さんを知ったという。「暴行しようとして無施錠の玄関から侵入した」と供述している。殺害後、現場にあった果物ナイフで遺体の腹部などを切り、所持していた携帯電話で撮影。画像データを保存していた。

当初、携帯電話には他の遺体の画像も保存されているとみられていたが、その後の調べで、[redacted]さんの画像以外は、わいせつな映像などを携帯電話で撮影したものだったと確認された。

[redacted]被告は、今年4月に下呂市の山林で遺体で見つかった同県高山市のコンビニ店員[redacted]さん(44)の元同僚で、[redacted]さんの事件で逮捕される前に岐阜県警の任意聴取を受けた。

現場付近に「白骨死体がこの下にあり」などと書かれたメモを置いていたほか、遺体が見つかる1週間前に「遺体がある」と下呂署に通報したことは認めたものの、遺棄への関与は否定しており、岐阜県警などは関与を慎重に調べる。

特異な行動浮き彫り

下呂の白骨遺体 解明焦点

2006年に起きた愛知県豊川市のベトナム人女性殺害事件で、27日に起訴された[redacted]被告(46)。周囲が「おとなしい人」と語る一方、殺害後に遺体を撮影、保存するなどの行動も。今後は、今年4月に下呂市で女性の遺体が見つかった事件への関与の有無が捜査の焦点となる。

高山市出身の[redacted]被告。故郷を離れた時期もあったが、数年前に愛知県の運送会社をやめ、最近は実家で家族らと暮らしていた。近所の男性(66)は「仕事に向かう以外はあまり外に出ない様子だった」。8月の逮捕直前まで一緒に勤務していたコンビニ店長(35)は「周囲と争うようなこともなかった」と話す。

だが豊川市の事件では特異な行動が明らかに。捜査関係者によると、運送会社の仕事で訪れた現場付近で一方的に知った[redacted]さん＝当時(24)＝を殺害後、刃物で遺体に傷を付け、携帯電話にその画像を保存。「暴行目的だった。([redacted]を)自分のものにしたかった」などと供述したという。

一方、下呂市の山林で4月、コンビニの同僚だった[redacted]さん＝当時(44)＝の白骨遺体が見つかった事件では、6月に岐阜県警の任意聴取を受け、現場近くに「白骨死体がこの下にあり」と記したメモを置いたことを認めた。

ただ、この時の聴取や逮捕後の調べでも、死体遺棄については「やっていない」と否認。なぜ遺体が遺棄されていたのか―。岐阜県警などが詳しく調べるが、捜査幹部からは「全容を把握するのは簡単ではない」との声も出ている。

「岐阜新聞」2011年8月28日付

2022年7月　東京都豊島区

地下アイドルを殺して食べようとしたカニバリズム男

「人を殺してきました」

未明の交番にコンビニ店員の渡辺敏郎（37）が訪ねてきた。

「どこで殺した？」

「この近くのホテルです」

渡辺の案内で警察官がラブホテルの一室に向かったところ、浴室の中で倒れている小山有希さん（18）の遺体を発見した。

「うっ……」

その場で完全に死亡していることが確認された。なぜなら有希さんの遺体は頭部が切り離されていたからだ。しかも渡辺は頭部の写真をスマホで撮っていた。

「何のためだ？」

「自殺しようと思って…。もし自分が死んだら証拠を話す人がいなくなると思って、ホテルにいた証を残すために撮りました」

この奇妙な事件が幕を開け、警察署に捜査本部が設置された。調べに対し、渡辺は次のように説明した。

「彼女とは1年ほど前にメイドカフェのイベントで知り合った。自分は交際していると思っていたが、彼女の携帯を盗み見て、他にも男がいることが分かったので殺そうと思った」

つまり、個人で活動する地下アイドルと、その〝推し〟によるトラブルと判明したのだ。

有希さんは家庭環境に恵まれず、3歳のときに両親が離婚した。16歳年上の姉、14歳年上の兄、2歳年上の姉とともに育った。

父親は精神的に病んだ状態で、十分な養育費を送れなかった。有希さんが中学の頃には母親も精神的に病んでしまい、家計はいっそう苦しくなった。

有希さんは自分で稼ぐ方法を考えようと、地下アイドルになろうと思った。2歳年上の姉とともにメイクして撮った写真をインスタグラムに上げたところ、それがイベントプロデューサーの目に留まり、6人組のアイドルグループのメンバーとしてデビューすることになった。

だが、それも思ったより稼げないと分かると、3カ月で脱退し、主に個人のＳＮＳで活動する地下アイドルになった。

イベントがあれば、ライブも開催した。自分のチェキ写真を売ったり、Ｔシャツなどのグッズをサイン入りで売ったり、ファンとの交流で徐々に人気を高めていった。通販サイトで欲しいもののリストを作成し、リンクを張って提示し、それを買ってくれたファンには動画でお礼のメッセージを送った。だが、このようにファンとの距離が近すぎるのを有希さんの兄や姉たちは懸念していた。

有希さんは18歳になる少し前、特定のファンと交際するようになった。有希さんの一番上の姉はそれを心配し、「帰宅時間を守らせること」「遅れる際は連絡すること」を相手に要求した。

事件の1年3カ月前、有希さんはその相手と同棲するようになった。

そんな事情はつゆ知らず、それからまもなく出会ったのが渡辺だった。

渡辺は家庭に恵まれなかった有希さんに同情し、それでも健気に夢に向かって努力している姿に共感して応援するようになった。

グッズを買うばかりではなく、直接金銭を渡してアイドル活動を支援した。有希さんもそんな渡辺に特別な感情を抱いたのか、2人きりで会うようになり、ついにはホテルにも行くようになった。渡辺は年の離れた〝彼女〟に夢中になっていた。

渡辺はかつて結婚していたことがあったが、妻に対するDV事件を起こし、警察沙汰になって別れることになった。妻の腹部を足で蹴り、包丁を突きつけて、「お前の態度が気に食わねぇ！」と脅したというものだ。

渡辺はこの事件で略式起訴され、罰金20万円を支払わされた。渡辺には子どももいたが、別れてからは一切交流できない日々を送り、寂しい思いをしていた。

そこへ現れたのが有希さんだった。渡辺は消費者金融からも借金して、有希さんに貢いだ。それは自分の未来への投資でもあった。

ところが、有希さんの携帯を覗き見て、ただのファンとは言えないような〝同棲相手〟がいることを知ってしまった。渡辺は怒りと悲しみが入り混じった感情が込み上げた。

「オレをバカにしているのか。オレは金だけの男なのか。これはオレに対する裏切りだ。今までいくら使ってきたと思っているんだ」

渡辺は「殺して独占するしかない」と考え、殺害計画を立てた。もともと渡辺にはカニバリズム（食人）願望があり、「好きな人の肉体を食べて、自分の体に取り込み、一つの生命体になりたい」と考えているところがあった。

事件の10日前には包丁を用意し、実行のチャンスが来るのを虎視眈々と待ち構えていたのだ。

事件当日、現場となったホテルに入り、セックスした後、問題の彼氏のことを問い詰めた。案の定、口論になり、渡辺は怒りに任せて10分ぐらい首を絞めた。最初から殺すつもりだったので、迷いはなかった。

殺した後もヴァギナの写真を撮ったり、2人で仲良く寄り添っている写真を撮ったり、屍姦してその様子を自撮りした。

いよいよ有希さんを食べようと思い、首と胴体を切断した。

ちょうどそのときに渡辺の母親から電話がかかってきた。

事件現場となったラブホテル（東京都豊島区）

「アンタ、今日の晩御飯はどうするの？」

「要らない。今、それどころじゃない。切るね」

渡辺は切断した首を洗浄し、それを持ち帰ろうと思ったが、遺体をそのままにしておくのは無理だと思った。かと言って、胴体を全部食べるのはもっと無理だと分かった。遅まきながら、自分がしでかしたとんでもない犯罪と向き合うことになった。

「自殺しよう…」

でも、そうなったら消費者金融から大量な督促状が自宅に届き、意味が分からない母親が困るだろうと思い立ち、生前にやるべきことをやってからにしようと考えた。

「お母さん、自宅にサラ金から督促状が届くかもしれないけど、払わなくていいから」

「えっ、どういうこと？」

「とにかくそういうことだから」

渡辺はそれから4時間、遺体と向き合った。自分がやったことを他人に知らせるため、首の断面図の写真も撮った。だが、死にきれなかった。明け方に再び、母親に電話した。

「お母さん、オレ、人を殺してしまったんだよ」

「救急車を呼びなさい」

「無理だ、もう手遅れだ」

「それなら自首しなさい。日本の警察は優秀だから、逃げ切れるわけがない。すぐに自首しなさい」

こうして渡辺は近くの交番に出頭したのだ。

渡辺は殺人罪と銃刀法違反、死体損壊の罪で起訴され、法廷でこう述べた。

「今回のことは前々から理由があって怒っていた。突発的じゃない。有希さんに裏切られたという考えが積み重なって起こした事件。でも、もう今は自分がそういうことを言える資格がない人間になってしまったので、有希さんに恨みはありません。もう食べたいとも思いません。有希さんに申し訳なかったです。首を押さえ、鼻と口をふさいで、とても苦しかったと思う。自分の考えはとても異常だったと思う。事件のことは後悔しています」

恐れていたことが起こってしまった事件と言ったらいいだろうか。ここまで猟奇的でなかったとしても、アイドルとファンの距離が近くなりすぎ、また暴走する人間が出てきても不思議ではないだろう。渡辺は「被害者の尊厳を軽視した残忍な犯行」と断罪され、懲役17年を言い渡された。

池袋のホテル内
女性殺害の疑い
警視庁 37歳男逮捕

知人女性(18)の首を絞めて殺害したとして、警視庁は11日、職業不詳の[redacted]容疑者(37)=さいたま市見沼区小深作=を殺人容疑で逮捕し、発表した。容疑を認めているという。

池袋署によると、[redacted]容疑者は10日から11日未明の間、東京都豊島区池袋2丁目のホテルで、職業不詳の[redacted]さん=新宿区山吹町=の後ろから首に腕を巻き付けて絞め、殺害した疑いがある。[redacted]さんの携帯電話に他の男性とやりとりしている記録があるのを見つけ、「怒りが爆発し、10分ほど首を絞め続けた」と話しているという。

[redacted]容疑者は[redacted]さんについて、「彼女だと思っていた」と説明。事件後の11日午前4時15分ごろ、JR池袋駅近くの交番に「人を殺しました」と自首し、署員が室内の浴室で倒れている[redacted]さんを見つけたという。

「朝日新聞」2022年7月12日付

2015年2月　山梨県甲斐市

山中のゴミ屋敷でSMプレイを10年続けたマニア夫婦

「妻が2階から転落した。口から血を流している」

こんな119番通報をしてきたのが夫の藤井寛治（44）である。救急隊員が現場に向かうと、まずその異様な邸宅に驚かされた。部屋中にゴミが溢れかえり、室内は泥だらけ。それにも増して異常だったのが被害者の容体で、真冬だというのにTシャツ1枚で、下半身は裸。布団に寝かされていたが、そこで脱糞していた。

「何があったんですか？」

「妻は飼い犬を追って2階から飛び降りたらしい。以前にも同じことがあったので、しばらく放っておいたが、急に容体が悪くなって、倒れ込んでしまった」

その説明にも疑念を抱かざるを得ないような状況だった。被害者には背中や手足に多数の打撲痕があり、特に後頭部がコブだらけだった。さらに右腰に20センチにわたる切り傷があり、ウミが出て化膿していた。

これだけの深手の傷を負いながら、治療は考えられないほどいい加減だった。患部にはオキシドールを噴射しただけで、傷口は瞬間接着剤で塗り固め、その上からキッチンペーパーや食品用ラップを巻き、ガムテープで留めているという有様だったのだ。

「これだけのケガを負っておいて…。なぜ病院へ連れて行かなかったのか？」

「彼女が大丈夫だと言うので…」

「大丈夫なわけないでしょう！」

「彼女が病院は行きたくないと言うので…」

救急隊員は彼女を病院へ搬送するとともに警察へ通報した。被害者の藤井美奈さん（28）は出血性ショックにより、搬送先の病院で死亡が確認された。

夫の藤井は警察に事情聴取されたが、その説明は要領を得ないものばかりだった。特に死亡したときの経緯は支離滅裂だった。

「以前に彼女が酔っぱらって2階から飛び降りたことがあったので、また酔っぱらって飛び降りたんだと思った。その後、一緒に寝ていたら『寛治君、寛治君』と呼ばれ、『なぁ～に？』と生返事していたところ、彼女の返事がなくなったので、起きてみると、彼女が布団の端の方に座っていた。そのときに大便の匂いがしたので、漏らしたんだと思ったが、彼女は急に崩れるように倒れてしまった」

司法解剖の結果、彼女は2階から飛び降りた形跡がない上、腰の傷は骨まで達しており、胆嚢も破裂していることが分かった。日常的に暴行を加えられていた痕跡があり、事件前に2人が行ったレンタルビデオ店の防犯カメラには美奈さんが負傷している様子は見受けられず、救急車を呼ぶまでに犯行ができたのは夫しかいないと判断。警察は藤井を殺人容疑で逮捕した。

ところが、藤井は「殺していない」と犯行を否認し、暴行については「合意の上だった」と主張した。ある意味、それを裏付けるものが自宅から山ほど出てきた。おびただしい数のＳＭグッズである。ロープ、首輪、拘束ベルト、鉄製チェーン、ローソク、アイマスク、ポンプ、クリップ、スパンキングラケット…。大人のおもちゃは20種類以上あり、「彼女が好きだった」というプラスチック製の塩化ビニール管は何本もあった。

「彼女はこれで叩くと、いつも『気持ちイイ〜』と言っていた。もともと彼女に頼まれて使用するようになったグッズで、ＳＭプレイをするときは毎回それを使っていた」

それだけでなく、２人のＳＭプレイを写したＤＶＤも見つかった。藤井が塩化ビニール管やスパンキングラケットなどで尻を叩く様子やバックからハメ撮りしている様子が6時間あまり収録されていた。

さらに家の庭で糞尿がたまった池のようなものが発見された。藤井は「トイレが壊れたから」と言い訳したが、それはあたかも排泄プレイ専門のステージのようだった。藤井の自宅は鬱蒼とした森の中にあり、２人は人目につかない一軒家で夜な夜なＳＭプレイに興じていたのだ。

「そもそも彼女とはどうやって知り合ったんだ？」

「10年ほど前にセリクラで知り合った。彼女はもともと家出少女だったんです」

当時、藤井は34歳、美奈さんは17歳だった。セリクラとは、モニターを見て気に入った女の子にデート代を提示し、最も高い金額を提示した男性客がデートする権利を得るというものである。

藤井は株のトレーダーをしているほかは、親から小遣いをもらっているニートのような男だったが、

「行くところがない」という美奈さんを自宅に連れて行き、そのまま同棲生活に入った。

その後、事件現場となる一軒家を両親に買ってもらい、6年後に結婚。食事は一日一食だけで、あとは酒ばかり飲んでいた。美奈さんは両乳首と性器とヘソにピアスを取り付け、藤井の名前のタトゥーを入れていた。2人で一つの携帯電話を使い、外部との交流は一切断っていたが、SMサイトには自分たちのプレイを投稿していた。


事件前日も2人はSMプレイにふけっていて、藤井は美奈さんにまたがり、塩化ビニール管でお尻や太腿、腕やふくらはぎ、お腹や乳房などを殴打していた。それから36時間後、美奈さんは心肺停止状態で発見されたのだ。

「それはどれぐらいの時間やってたんだ?」

「1時間くらいかな」

「被害者はどんな様子だった?」

「お尻に真っ赤なアザができていたが、すごく気持ちよがっていて、『もっと強くー』と叫んでいた。その後は普通にセックスして寝ました」

「彼女はSMプレイが原因で死んだのではないか?」

「私は殺していません」

「腰の傷はどうやってできたんだ?」

「2階から飛び降りた時にトタンかガラスに引っかかったのではないかと思います」

「そのときにすぐに病院へ連れて行かなかったのはなぜだ？」

「彼女は病院へ行きたがらなかったし、『とりあえず消毒だけして欲しい』と言っていたので…」

「傷口に食品用ラップを巻いていたのはなぜだ？」

「猫を9匹飼っているので、猫の毛が傷口に入らないようにしていた」

「そんな処置で被害者は何も言わなかったのか？」

「彼女は『大丈夫だから』と言っていた。結局、彼女とも話し合い、傷口は瞬間接着剤でくっつけることにした」

「被害者には皮下出血、筋肉出血が大量にあった。日頃から彼女に暴力を振るっていたのではないか？」

「体は多少叩いたかもしれないが、顔や頭は叩いていない。彼女は自分でドライバーの柄を体に押し付けたり、塩化ビニール管でも自分で押し付けたりしていたので、アザができていたのかもしれない」

「事件後に自殺を図ったのはなぜだ？」

「何をするにも一緒だったのに、彼女が死んでしまい、生きていても仕方がないと思ったからです」

「遺族に何か言うことはないか？」

「私が殺したわけでもないのに、何が原因で死んだのかも分からないのに、何も言うことはありません。今は冥福を祈るだけです」

　結局、検察は殺人罪では起訴できず、結果的に死なせたという傷害致死罪で起訴するしかなくなった。検察側は「ＳＭプレイの行きすぎによる死亡」と断定。だが、藤井は彼女の死の真相については貝のように口を閉ざし、曖昧な説明を繰り返した。

　裁判所も「被害者の背中や頭を塩化ビニール管で複数回殴った上、刃物で腰を切りつけるなどして出血性ショックで死亡させた」と認定し、「死に結びつく強い暴行に被害者が同意していなかったのは明らかだ」として、懲役8年を言い渡したが、具体的にどんなプレイで死に至らしめたのかは永遠に謎のまま、藤井は獄中へと逃げ切った。

「毎日新聞」2015年2月22日付

妻殺害容疑で夫逮捕

山梨「2階から転落」と通報

　妻を殴って殺害したとして、山梨県警捜査1課などは21日、同県甲斐市上菅口、無職、[redacted]容疑者(44)を殺人の疑いで逮捕したと発表した。県警によると、[redacted]容疑者は殴ったことは認めているが、「殺していない」と容疑を否認しているという。

　逮捕容疑は、今月上旬ごろ、自宅で、妻で無職の[redacted]さん(28)の全身を棒のようなもので殴打するなどして、出血性ショックで死亡させたとしている。[redacted]容疑者は3日に、「妻が2階から転落した可能性がある」と119番通報し、[redacted]さんが自宅内で心肺停止の状態で見つかった。

　県警は、[redacted]さんの外傷が転落によるものとは異なるとみて捜査。司法解剖の結果、背中や手足などに殴打されたとみられる多数の打撲跡があったことなどから、[redacted]容疑者から事情を聴いていた。

2016年6月　神奈川県相模原市

酔いつぶれた女性をさらった髪フェチ男の拉致監禁レイプ事件

橋本洋介（33）は生まれてすぐに母親に逃げられ、父親も誰か分からない。5歳まで児童養護施設で過ごし、里親に引き取られた。

そこで〝兄弟〟になった里子が3人いたが、9歳年上の姉のロングヘアーに心惹かれ、それを触っているときだけ安らぎを覚えた。

それが高じて小3のとき、同級生の女子の髪を切るという〝事件〟を起こした。里親は厳しく叱責したが、その後も女子の私物を盗むといった問題行動を繰り返し、中学に入ると、女子のジャージを盗むという〝事件〟を何度も起こして、里親にサジを投げられた。

「もうお前は帰ってこなくていい。もともと血のつながりはないんだ。私たちはもう、お前の面倒は見られない！」

橋本は13歳から教護院で過ごすことになり、もうどんなに謝っても里親は許してくれなかった。

「自分がうまくいかないのは里親のせいだ」と恨むようになり、何でも里親のせいにするようになった。

高校に入ると、通学中の電車の中でポールに股間を押し付けながら、乗客の女性の髪の毛を触るという独特の自慰行為を始めた。17歳のときには電車内で女子高生の髪を切るという〝事件〟を起こし、警察に突き出されたこともあった。これだけの〝予兆〟を示しながら、少年院などで矯正教育を受けることもなく、橋本が正しい方向へ導かれることはなかった。

社会人になると、週末ごとに始発電車に乗り、酔いつぶれている女性を探し、隣に座って髪を触るという行為を繰り返すようになった。付き合っている女性がいても、それだけはやめられなかった。

ある日、橋本は自分と同じように酔った女性に狙いを定めて、わいせつ行為を繰り返している男から写真を見せられた。そこには眠ったままハメ撮りされている女性の姿が写っていた。

「こうやって自宅に連れ込めば、好きなことができるんだぜ。目を覚ましたら、『無防備に寝ていたから、危険だと思って連れてきたんだ』と言えばいい」

橋本がエスカレートしたのはそれからだ。その後、橋本は精神科に行って「眠れない」と訴え、睡眠薬を入手した。それを「酔い止めの薬だ」と偽り、泥酔女性に親切を装って飲ませ、さらに酩酊状態になったところで自宅に連れ帰るという行為に及ぶようになった。

その手口も巧妙なものだった。バッグを開けて身分証などで名前を確認し、親族や知人などを装い、女性の名前を呼び掛けながら、自分の自宅がある方面の電車に乗せる。降りる駅が近付くと、車掌に「彼女が酔っていて動けない。○○駅で降りるから、車椅子の手配を頼む」と要請し、まんまと駅員が用意した車椅子に女性を乗せ、タクシー乗り場に直行。自宅に連れ帰って体を触ったり、自分のペニスを握らせてしごかせるというわいせつ行為を何年にもわたって繰り返したのだ。

被害者の一人である磯部有希さん（23）は、橋本の自宅近くの駅で泥酔しているところを見つかり、車椅子に乗せられてタクシー乗り場に運ばれた。

そのまま橋本の自宅に連れて行かれ、その様子を見ていた近所の住民には「ホラ、ダメじゃないか。しっかり立って…」などと言って、交際相手を装った。

橋本は有希さんのブラジャーを取って胸を揉みしだき、ズボンを脱がせて膣内に指を出し入れし、例によってペニスを握らせてしごかせた。有希さんはそんな被害に遭っているとも知らず、目が覚めると、橋本から「駅で寝ていて無防備だったから一時的に保護した」と説明され、お礼を言って退出した。そんな女性たちが数百人もいたのだ。

逮捕のきっかけとなる大崎紀代子さん（28）さんも、そんな手口によって毒牙にかけられた一人だった。前夜から知人と飲み会を開いていた紀代子さんは、明け方に自宅に戻る途中、電車内で眠りこけてしまった。そこへ近付いてきた橋本に「大丈夫ですか？」と声を掛けられ、「酔い止めの薬」を飲まされた。

そこから先の記憶はないが、橋本はいつもの要領で自宅に運び入れ、全裸にしたあげく、胸を揉んだり、膣に指を入れたりして、デジカメで撮影。キスをしながら、ペニスを握らせてマスターベーションを手伝わせるというわいせつ行為に及んでいた。

こうして丸一日、橋本の部屋で過ごすことになった紀代子さんは、翌日未明になって見知らぬ男と2人きりでいることに気付き、玄関から逃げ出して、近所のコンビニに助けを求めた。店員が１１０番通報し、警察に保護されることになった。

だが、紀代子さんには丸一日分の記憶がない。バッグに入っていた現金やスマホもなくなっていた。その件で警察が捜査中、橋本はまたとんでもない事件を起こした。

今度は自宅近くの駅で酔いつぶれている矢部遥香さん（20）を発見し、そのままタクシー乗り場へ直行。酩酊状態の遥香さんを〝お姫様抱っこ〟して部屋まで運んだ。途中で住民に会い、「救急車を呼ぼうか？」と聞かれたが、「大丈夫ですよ」と平然と答えていた。

衣服を脱がせて乳房を揉み、陰部に指を入れて掻き回しているとき、遥香さんが目を覚ました。

「ちょっと…、何コレ？」

とっさに橋本は「仕事で飛行機に乗るはずだったのに、キミの介抱をしていたら乗れなくなった。損害賠償として5万円払え」などと脅した。

「金で払えないなら、体で払うのは当然だよな？」

ワケが分からない上、泥酔状態でほとんど抵抗できなかった遥香さんは、後ろ向きの体勢で四つん這いにされ、深々とペニスを埋め込まれた。

「はァー、いい気持ちだ。こりゃ、たまらんな。中で出してほしくなけりゃ、しっかり顔で受け止めろ！」

橋本は素早くペニスを抜き取ると、遥香さんの顔に向かって精液を放った。遥香さんは崩れるようにして床に倒れ込んだ。

橋本が紀代子さんの件で逮捕されたのは、それから1週間後のことだった。家宅捜索で見つかった橋本のデジカメには、おびただしい数の被害者のあられもない映像が残っていた。

ある被害者は橋本に頭を抱えられながら、凌辱的なキスを繰り返されていた。またある被害者は全裸にされて口腔内にイチモツを突っ込まれ、口の中で射精するまでの一部始終が収められていた。そして、ほとんど全員の被害者がペニスを握らされてマスターベーションの手伝いをさせられていた。室内からは犯行と同内容の類似AVも発見された。

だが、橋本はわいせつ目的であったことを否定し、「自分は髪フェチ。髪を触るのが目的だった。セックスはついでだった」と一貫して主張し続けた。

橋本は9人の女性に対する強姦や準強姦、わいせつ略取、準強制わいせつ、昏睡強盗などの罪で起訴されたが、公判中に精神鑑定にかけられ、「フェティシズム障害」と認定された。

裁判所は2年越しの公判の結論として、「フェティシズム障害が事件に影響を与えたことは否定できないが、仕事のない日しか犯行に及ばないなど、善悪の判断能力に問題はなかった。他にもわいせつ行為に及んでおり、本件各犯行は非常に犯情が悪い」と断罪し、懲役15年を言い渡した。

橋本自身は「自分で自分が恐ろしい。自分をコントロールできる自信がない。性癖を直したいから、頭の中を調べてほしい。このままだと、外に出れば必ず再犯する」と述べているが、この男の犯行は性犯罪治療の限界を物語っているのかもしれない。

電車で居眠りの女性を監禁容疑

相模原・男逮捕

電車内で居眠りしていた女性を自宅アパートに監禁したとして、神奈川県警相模原署は18日、相模原市中央区清新、派遣社員、[redacted]容疑者(33)を監禁容疑で逮捕した。同署には昨年末以降、気が付くと相模原市内の面識のない男の家にいたとの通報が6件寄せられていたといい、他の5件も追及する。

逮捕容疑は、今月4〜5日、東京都足立区の女性(28)を自宅に監禁したとしている。女性は4日早朝に都内のJRの駅から電車に乗ったまま眠ってしまい、5日朝に目を覚ますと、相模原市のアパートにいたという。部屋には[redacted]容疑者がいたが、隙を見て逃げだした。監禁の動機や手口について、[redacted]容疑者は黙秘しているという。

他の5件も同様に、都内や神奈川県内で早朝に電車に乗った女性が居眠りしたところ、知らない男の部屋で目覚めたと訴えているという。

「毎日新聞」2016年6月19日付

珍しいカニを発見した少年は排泄物バスターになった

2021年10月　三重県多気町

夜間にアルバイト先から帰る途中だったフリーターのミユさんは、路上でオロオロと探し物をしている若い男と出会った。

「どうしたんですか?」

「指輪を落としたんだ。一緒に探してくれないか」

男に「スマホで路上を照らしてほしい」と言われ、その通りにした。

「こっちも通ったんだ。来てほしい」

ミユさんはチェーンポールで仕切られている場所へ男と一緒に入って行った。

ところが、男はいきなりミユさんの両手首をつかみ、「スマホをしまえ」と命じてきた。

ミユさんが従うと、両肩をつかんで車の陰にしゃがませ、「騒いだら殺すぞ!」と脅してきた。ミユさんは震え上がり、「殺さないでください…」と懇願すると、男は半透明の正方形型のプラスチック容器を取り出した。

「これにウンチして」

「はい？」

冗談かと思い、聞き返すと、男は大真面目な顔で、「ウンコだよ。分かるだろ、これにウンコして渡せばいいんだよ」と言ってきた。

何を言っているんだろう。変態だろうか？

「パンツでいいですか？」

「ダメだ。ウンコだ！」

とてつもない変態を前に、ミユさんは例えようもない不気味さを感じ、プラスチック容器を受け取った。

仕方なく排便しようとしたが、出る気配がない。「何か食べるものはないですか」と聞いたが、「そんなものはない」という。しばらくすると男はTシャツに手を伸ばし、胸を揉んできた。

「やめてください。そんなことすると、出ないじゃないですか」

「出そうなのか？」

「出ません。オシッコじゃダメですか？」

「じゃ、オシッコ出して」

ミユさんは新たに容器を渡されたが、あらためてそこにするのも恥ずかしく、前の容器を使ってオシッコをすることにした。

すると男は胸を揉むのはやめてくれたが、今度は丸出しの陰部に触れようとしてきた。

「やめてください！」

男の手が伸びて、指先が股間を撫でた。

早くしなければ何をされるか分からない不気味さから、ミユさんは少量だが、容器にオシッコをした。

「うーむ、これだけしか出やんのか？」

「これ以上出ないです」

「じゃ、これでいいや。パンツもちょうだい」

ミユさんは「それはイヤです」と断り、パンティーとショートパンツを引き上げて、路上に逃げ出した。

男は追いかけてこなかったが、ミユさんはアルバイト先へ逃げた。そこで事情を話し、１１０番通報。

その夜、友人にはこんなＬＩＮＥを送った。

〈知らん人と指輪を探していたら、騒いだら殺すと言われた。実はウンチとオシッコが欲しかったらしい。オシッコだけチョロッと出たからあげた〉


通報を受けた地元の警察署は呆れ返った。

「またか！」

すでに警察は類似の事件が数件起きていることを把握していたのだ。

犯人は地元で古物商を営む磯部遼太郎（26）だった。磯部はある意味、地元の有名人だった。小学生の頃、珍しいカニを見つけて、新聞で紹介されたことがあるのだ。

《この度、甲羅にニッコリとした笑顔のような模様が入ったカニが採集され、地元の水族館に持ち込まれました。採集したのは磯部遼太郎くん（8歳）で、家族と一緒に潮干狩りをしていたときに偶然見つけ、大変珍しいと思い、水族館に持ち込んだそうです。採集されたカニはヒライソガニという地元周辺の磯では普通に見られるカニで、もともと甲羅の色や模様にいろいろなタイプがありますが、笑顔のような模様が出ているものは珍しく、水族館の担当者も初めて見たということです。このカニが持ち込まれた当初、あまりにくっきりと笑顔状の模様が出ているため、マジック等で描かれたものではないかという意見もありましたが、しばらく飼育していたところ、カニが脱皮をし、新しい甲羅にもはっきりとした模様が確認されたため、本来の模様であることが証明され、この度、公開されることになりました》

それがどうして認知の歪みが生じたのか。どこで育て方を間違えたのか。18年後、磯部はとてつもなく恥ずかしいフェチ犯罪者として、再び新聞で報じられることになったのだ。

直接の逮捕容疑は、別の被害者であるルミさんに対する強制わいせつ事件だった。

帰宅途中の女子高生を待ち伏せていた磯部は、公民館の軒下で、制服姿のルミさんに突然後ろから抱き付いた上、下着に手を差し入れ、わいせつな行為をしようとした。

「キャーッ、変態！」

「変態でけっこうだ。ここでウンチして」

「はぁ？」

「分かってねえなァ、ここでウンチさせるから興奮するんだよ」

ルミさんは悲鳴を上げて逃げ出し、ケガはなかった。無理やり排泄させられる被害にも遭わずに済んだ。

だが、警察は付近の防犯カメラの映像などから、磯部を浮上させた。令状を取り、身柄を拘束し、家宅捜索しようとしていたその前日に、磯部は〝最後の犯行〟を起こしたのだ。

事件当日、磯部はJRの駅構内に車を止め、またも帰宅する女子高生を物色していた。

1人で電車から降りてきたチエさんに目をつけ、車から降りてあとをつけた。

磯部が接近すると、チエさんが振り返ったので、ブレザーの首付近を強くつかみ、「騒いだら殺すぞ!」と脅した。そして、近くの空き地に引き入れた。

「誰? もしかして出会い系アプリで遊んだ人?」

「黙れ、しゃべるな!」

「何が目的?」

「ウンチして」

「はい?」

「オシッコでもいい」

「ムリ!」

「じゃあ、今はいてるパンツちょうだい」

これ以上断ると、殺されてしまうのではないかと怖くなったチエさんは、パンティーを脱いで手渡した。

犯人が獲物を探していた駅（三重県多気町）

すると再び、「ウンチして」とねだられ、それを拒むと、「せめてオシッコして」としつこく迫られ、その要望に応えることにした。

「車の陰だから道路からは見えないよ。ここでオシッコするんだよ」

チエさんは手渡されたビニール袋に排尿。磯部は満足げにビニール袋を受け取り、口を縛って逃走した。

チエさんはその場から母親に電話。「不審者に襲われた」と報告した。

その事件の通報を受け、警察は犯行内容からすぐに磯部の仕業であることを直感したが、とりあえずルミさんに対する強制わいせつ容疑で逮捕した。

次いでチエさんに対する強制わいせつ未遂と強盗の疑いでも再逮捕された。

その後、ミユさんに対する強制わいせつと強盗の疑いでも、3度目の逮捕をされた。

磯部はわいせつ行為については「間違いない」と認めているものの、「『騒いだら殺すぞ』と言ったり、暴行を加えて犯行を抑圧したというのも違う。排泄物を無理やり奪ったというのも違う。相手から承諾を受けて渡してもらいました」と一部を否認した。

公判では弁護人が「尿は財物として扱うのかを争う。被告人の行為は恐喝罪に止まる。財産犯は成立しない」などと大真面目に反論。このため、3人の被害者がそろって証人出廷することになった。

しかし、磯部の父親は被害者の証言をまるで信じようとしなかった。のちに情状証人として出廷し、次のように話した。

「息子は小さい頃から生き物に対して優しい心を持った人間です。『騒いだら殺すぞ』なんて言うはずがないと思います。周りの人たちも同じことを言っている。私は息子を信じています。有罪判決が下るなんて考えもしていません」

だが、磯部の性的嗜好は今に始まったことではなく、「これまでも店の女子トイレに侵入して5～6回は警察沙汰になっていますよね」と検察側が指摘。罰金刑を受けたこともあり、「女の子の尿の匂いを嗅ぐと性的に興奮する」という供述調書が残っていることや、デリヘル嬢を呼んで体に尿をかけてもらっていたという性癖まで暴露された。

裁判所は「卑劣な手口で悪質性が高い。歪んだ性癖に根差した常習的犯行の一環である。不合理な弁解に終始し、反省もしていない」として、懲役5年の実刑判決を言い渡した。

磯部は逮捕されてから1年近くも争っていたが、控訴することもなく服役した。

2022年2月　京都市上京区

手術中の女性患者を盗撮していた変態医師の秘蔵動画

盗撮魔たちに「聖地」と呼ばれているターミナル駅のエスカレーターがある。距離がことのほか長く、常に人が密集していて目立ちにくいからだ。

警察はそこが盗撮のメッカであることを把握していた。その日も精鋭の捜査員たちが学生の下校時間に合わせて張り込んでいた。

そこへ現れた不審な男。エスカレーターを上ったかと思えば、また降りてきてスマホの画面を確認している。女子高生にそれとなくすり寄り、スカートの下で不審な動きをしている。

「マル対だ。目を離すな」

男は何度目かの動きで、女子高生にピタリとすり寄り、エレベーターに乗ったところで、捜査員たちもその後ろに続いて乗り込んだ。

男の動きに注目すると、やはりスマホを取り出し、女子高生のスカートの下に差し込んだ。そのまま男は微動だにせず、エスカレーターを降りる直前になって、慌ててスマホを引っ込めた。

男がエスカレーターを上り切った時点で、捜査員たちが男を取り押さえ、身柄を確保した。

「警察や、動くな！」

周りは騒然。被害に遭っていた女子高生は、女性警察官の誘導を受けた。男のスマホに写っていたのは、間違いなく女子高生のスカートの中を逆さ撮りしたものだった。

「私のものに間違いありません」

男は迷惑行為等防止条例違反の疑いで事情聴取を受けることになった。

だが、素性が分かって、警察の方が驚かされることになった。地元の大学病院耳鼻咽喉科に勤める現役医師だったからだ。

山下静雄（43）。医師としては優秀で、勤務態度は真面目。黒ぶちメガネをかけた優男だった。

「何でこんなことをやったんや？」

「……」

黙秘する山下。盗撮事件の場合、初犯ならば、起訴されることもなく、厳重注意を施されて釈放されることも珍しくないが、この男の場合は違った。

スマホの中身を解析したところ、盗撮の常習者であるばかりではなく、手術中の女性患者たちを写したとみられる動画が山ほど出てきたのだ。

そこは手術室と思しき場所で、女性たちは全員が手術着姿。昏睡状態のまま、山下に導かれて胸や陰部を露出し、顔も含めて撮影されていた。

「何だ、これは！」

「……」

ますます押し黙る山下。

「病院のガサ状を取って、調べてみるしかないな」

山下の職場などに家宅捜索が入り、次々と資料が差し押さえられた。

山下は「iCloud」と呼ばれるインターネット上のサービスに動画を保存しており、その撮影日時と手術日時を照らし合わせたところ、被害者が次々と特定されることになった。

単なる盗撮事件は前代未聞の現役医師による〝手術中の盗撮事件〟に発展した。

最も古いものは1年半前のもので、仰向けに寝た女性が乳房や陰部を露出させられ、全身麻酔された状態で撮影されていた。カルテと照合した結果、被害者は36歳の女性患者と判明した。信頼している病院でこんな被害に遭うだけでもホラーというべきだ。

さらに当時中1だった12歳の少女も被害に遭っていた。全身麻酔をかけられ、仰向けに寝た状態で胸部を露出させられ、動画で撮影されていた。

山下は「iCloud」上で、スローモーションにして編集していた。

39歳の女性患者も同様に全身麻酔をかけられ、動けない状態で乳房や陰部を露出させられ、動画で撮影されていた。

彼女は警察で動画を見せられ、「自分に間違いない。手術の同意書は書いたが、こんな行為は同意していない」と激怒した。

当時高1の15歳の少女も被害に遭っていた。全身麻酔をかけられ、服をはだけさせられて、乳房や陰部を露出していた。

長いもので20分くらい撮影したものもあり、これは児童ポルノ製造にも当たり、山下は別の犯罪事実にも問われることになった。

別の36歳の女性も手術中に寝ているところを動画撮影されていた。乳房や陰部を露出させられ、顔がハッキリ分かるように撮影されていた。

彼女も警察で動画を確認させられ、「麻酔をかけられ、意識が遠のいていったところから記憶にない。こんなことをするなんて許せない」と激怒した。

最年少の被害者は10歳の小学生だった。ベッドに横たわっているところを胸をはだけさせられ、執拗に撮影されていた。

体を触るシーンなどがなかったことは不幸中の幸いだが、これも児童ポルノ製造に問われることになった。

最後の被害者は会社員の27歳の女性だった。彼女は山下が盗撮事件で逮捕される2週間前に撮影されていた。

例によって乳房や陰部を露出させられ、顔が識別できるようにアップで撮影され、乳房や陰部を写しているところではスローモーションで編集されていた。

山下は手術中の女性患者の体を盗撮したとして、迷惑行為等防止条例違反の疑いで逮捕された。それと同時に勤務先の病院を自主退職することになった。

その後も再逮捕を繰り返すことになり、結果的に7人の女性に対する迷惑行為等防止条例違反や児童ポルノ製造の疑いで逮捕された。

山下のせいで不祥事に巻き込まれた病院は、病院長が記者会見を開き、「被害に遭われた患者さん、そして国民の皆様に心よりお詫び申し上げます。患者からの信頼を裏切るあるまじき行為で、スタッフへの教育を徹底するとともに、厳正に対処する」と謝罪した。

今後、医師らが手術室にスマホを持ち込む際には、適切な使用をするとした誓約書への署名を求め、一定の場所に置くなど、再発防止に努めるとしているが、周りのスタッフが誰も犯行に気付いていなかったのは摩訶不思議である。

山下はどのようにして犯行を成功させたのか。

山下の犯行は早業のようなものだったに違いない。大勢のスタッフがいる中で、1人になるタイミングを見計らい、素早く患者の手術着を脱がし、スマホを顔からバスト、陰部へと下ろしていく。バストを舐めるように撮影し、むき出しの股間にレンズが向かうと、ヴァギナの形がハッキリと分かるように接写する。

何食わぬ顔で手術を終えた山下は、患者にお礼を言われながら、その裏では自分が撮った盗撮映像を編集し、「iCloud」に保存して、何度も映像を見返していたのだ。まるでジキルとハイドである。

山下は日本耳鼻咽喉科学会、日本頭頸部癌学会、日本頭頸部外科学会、日本口腔咽頭科学会という4つの学会に所属していて、毎年のようにがんに関する論文を出しており、病院内での評判も良く、「先生、いつ休んでるの?」というぐらい、小まめに患者の様子を見に来る医師として知られていた。

手術の患者 盗撮容疑

[redacted]医師を逮捕

手術室で女性患者を盗撮したとして、府警は28日、[redacted]病院の医師、[redacted]容疑者(43)＝北区＝を府迷惑行為等防止条例違反(ひわいな行為)の疑いで逮捕し、発表した。黙秘しているという。

下京署によると、[redacted]容疑者は昨年11月29日、[redacted]の同病院の手術室で、手術を受けていた20代の女性患者の体を自らのスマートフォンで撮影した疑いがある。[redacted]容疑者は耳鼻咽喉《いんこう》科に勤務し、この手術の執刀医。女性は手術着で、麻酔をされて意識がない状態だった。他のスタッフもいたが、撮影に気づいていなかったという。

府警は昨年12月、JR京都駅構内で女子高校生のスカートにスマホを差し向けたとする同条例違反容疑で[redacted]容疑者を聴取し、家宅捜索した。スマホを調べたところ、手術中の女性患者を撮影した動画が見つかったという。

[redacted]病院の[redacted]病院長は28日会見し、「患者さんの信頼を大きく裏切る行為。患者さんと府民に心よりおわびする」と謝罪した。今後、手術室に個人のスマートフォンを持ち込む際は一定の場所に置くことなどを取り決めるとした。[redacted]容疑者は2016年9月から同病院に勤務していたという。

「朝日新聞」2022年3月1日付

ところが、その裏の顔は「常習と言うしかない」というほどの筋金入りの盗撮魔で、もちろん余罪は立件された7人だけではない。

山下は初公判の罪状認否で「すべて間違いありません」と起訴事実を認めた。

盗撮は窃視症という依存症と言われるが、山下はすでに専門医にかかっていることを明らかにし、情状酌量を求めた。裁判所は「全身麻酔が必要とされるほどの手術を受ける患者らの信頼を裏切った卑劣で悪質な犯行」と断罪し、懲役2年6カ月執行猶予5年の有罪判決を言い渡した。

それにしても女子高生のスカートの中を盗撮したために、ずいぶん大きな代償を支払わされたものだ。

それでも医師免許剥奪になるほどの〝悪事〟とはみなされず、そこその医業停止でまた開業できるというのだから、医師のペナルティーはことのほか甘い。医師も弁護士のように「禁錮以上の刑確定」で、医師免許剥奪にすべきではないか。

第2章 ストーカー

浮気妻をさらったストーカー男の言い分

2013年4月　岐阜県関市

早朝、パート先に出勤しようとしていた主婦の武藤里奈さん（31）は、前方から来た車にいきなり進路をふさがれ、車から降りてきた男に無理やり車内に引きずり込まれた。

「乗るんだっ！」

「キャーッ」

それを見ていた通行人が110番通報。車のナンバーも伝えた。連れ去った男は不倫相手の伊藤悟（39）だった。

伊藤は車を走らせると、「お前だけのうのうと生きるんじゃねえ！」などと言いながら、里奈さんの膝の上に茶色の液体をかけた。それがガソリンであることは臭いですぐ分かった。

「逃げるなよ、ここでライターに火をつけたら、2人とも御陀仏だからな」

里奈さんはいつかこういう日が来るのではないかと恐れていた。郊外に止めた車の中で「待って、話し合おうよ」と説得し、伊藤の求めに応じてセックスすることにした。

「バカ野郎、どれほどオレがお前を愛してると思ってんだ！」

2人は下着だけを脱ぎ、お互いに慣れ親しんだ局部を結合させた。ユッサユッサと車を揺らし、里奈さんは助けを求める意味を込めて嬌声を響かせた。

「何をやってるんだ！」

しばらくして、2人の制服警官に窓ガラスをノックされた。近所から「白昼堂々カーセックスしているカップルがいる」と通報が入り、駆け付けたのだ。

事情聴取の結果、手配中の車であることを確認。里奈さんから話を聞き、脱出不能の車の中に2時間閉じ込めたという監禁容疑で伊藤は逮捕された。

「それは違う。もう話し合いが済んで、仲直りしてセックスしていたところだ。オレたちは愛し合っているんだ」

伊藤がそんな供述をしていると聞いて、里奈さんは自らがまいた種に頭を抱えた。


2人が出会ったのは3年前。職場のコンビニで同僚として出会ったが、2人とも既婚者で子どももいた。だが、里奈さんは家庭を顧みない夫に悩んでいた。里奈さんに育児を押しつけ、休日は1人で遊びに行ってしまう。家計のために里奈さんがパートを始めたというのに、ねぎらいの言葉もなかった。

そんなときに出会ったのが伊藤だった。最初から魅力を感じていたわけではないが、「夫の収入が少なく、保険料を滞納している」と愚痴をこぼすと、ポンと25万円を貸してくれた。

「どうしたの、これ？」

「オレのへそくりだから。気にしなくていいよ」

2人は仕事をしているうちに親しくなり、まもなく男女の仲となり、里奈さんは伊藤と寝るたび、夫の愚痴を呟いた。

「私は結婚に失敗した。男のルックスなんかどうでもよかった。あなたみたいな人と結婚したかったわ」

「本当かい?」

実は伊藤にも20代の頃、理想と思える女性がいて、その女性との結婚しか考えていなかったが、いざ結婚するとなると相手の両親に反対され、その両親が見つけてきた相手に彼女がいとも簡単に鞍替えしたことから、怒った伊藤は相手の家に乗り込んで、殴る蹴るの暴行を働き、傷害罪で懲役2年6カ月執行猶予3年の有罪判決を受けたことがあった。

伊藤の母親は子育てのみを人生の使命として生きてきたような世代で、前科持ちになってしまった息子を案じ、執行猶予中に代理で婚活。知人の娘を結婚相手として見つけてきた。

「何でそんな勝手なことをするんだよ?」

「アンタみたいな子のところへ来てくれるだけでもありがたいと思いなさい。贅沢言うんじゃないよ!」

まもなく伊藤は結婚し、子どもも作ったが、それと同時に妻には「女」を感じなくなってしまい、そこへ出会ったのが里奈さんだった。

里奈さんとセックスするたび、「一緒になりたい」と言われ、その気になった伊藤は妻に離婚を切り出し、7カ月後には本当に離婚した。

「準備は整った。キミも早く旦那と離婚するんだ」

「そ、そうね…」

里奈さんは伊藤のプロポーズを拒むことができず、しばらく膣内射精されまくっていたところ、いとも簡単に妊娠した。

すると里奈さんは、「まだ籍を抜いていないからヤバイ」「これからどうなるか分からない」などと言って、早々と中絶した。

伊藤は残念に思ったが、「どっちみち女は離婚してから半年経たないと入籍できない」「生まれてくる子どものためにもいい環境で産んでやるべきだ」という主張には一理あると思った。

ところが、里奈さんはいつまで経っても夫と離婚しようとしなかった。デートしても溜め息ばかりついて、ベッドの中でも上の空。そして、ついに下した結論は「あなたとは結婚できない。旦那とは離婚しない」ということだった。

「今さら何言ってるんだ！」

「よく考えると、自分がワガママだったのかもしれない。旦那にもいいところはあるし、何より娘のために旦那と一緒にいた方がいいのではないかと思う」

「オレは離婚したんだぞ。人の人生をメチャクチャにしておいて、どうしてくれるんだ！」

「それは本当に悪いと思ってる…」

伊藤は何とかして里奈さんの意思を翻意させようとしたが、それは覆らなかった。伊藤はストーカーと化し、監禁事件の1カ月前にも里奈さんをさらって、「一緒に死んでくれ！」と迫る〝心中未遂事件〟を起こしていたが、そのときは「あなたと別れる気はない。考え直してほしい」と言われ、撤回したという経緯もあった。

もちろん、それは里奈さんの方便でしかなく、再びメールや電話を着信拒否にしていたところ、車で拉致されてガソリンをかけられるという被害に遭ったのだ。

「彼女は私と別れたくないはずだ。彼女の家族がそうさせているのではないか?」

「その発想自体がストーカーなんだ。彼女は別れたいと言っている。今後も近づくと、ストーカー規制法違反容疑でパクるぞ。裁判で罰金100万円を払うか?」

するとまた、伊藤の母親が出てきて「罰金を肩代わりしてやるから、罪を認めて早く出てこい」と説得。「もう二度と被害者には接触しない」という誓約書を提出させられ、伊藤は略式起訴されて罰金30万円の判決が下され、その金は母親が支払った。

伊藤は腑に落ちないまま、シャバに戻った。ヤケ酒をあおり、かつて彼女とメールをやり取りしていた時代の文面を読んでいるうちに悔しくなり、「37564(皆殺し)」というタイトルのメールを作った。

〈オレだけが不幸になるのは納得できない。お前も同じ目に遭わせてやる。自分だけのうのうと生きるな〉

伊藤のメールアドレスは拒否設定にされていたが、ヤフーでフリーメールを取得したところ、あっさり送信できた。伊藤はその〝証拠〟も隠滅していた。

翌日、伊藤からメールが届いていることに気付き、里奈さんは震え上がった。「37564」がどういう意味かはすぐ分かった。

里奈さんは覚悟を決め、これまでひた隠しにしていた伊藤とのトラブルを夫に打ち明けた。

2人はすぐに警察へ。5歳の娘は親戚筋に預けた。警察はすぐさま伊藤を脅迫容疑で逮捕したが、伊藤は未練がましい供述を繰り返した。

「彼女を好きだという気持ちは抑えられない。自分と会いたくないのであれば、自分の手が届かないところへ逃げて欲しい。でなければ、また追ってしまう…」

事件後、里奈さんは一家そろって転居したが、夫の助けがなければ切り抜けられなかっただろう。本来、人の心は法律だけでは制御できないものなのだ。

★監禁の疑いで男逮捕

関署は16日、監禁の疑いで関市西神野、アルバイト店員[redacted]容疑者(39)を現行犯逮捕した。

逮捕容疑は同日午前9時35分ごろ、同市東本郷通の市道で、同市のパート店員の知人女性(31)の車を止めて、無理やり自分の車に引きずり込み、約2時間にわたって連れ回した疑い。女性にけがはなかった。

同署によると、通行人の目撃情報から行方を追跡。署員が約2時間後、同市下有知の空き地で発見した。同署で動機などを調べている。

「岐阜新聞」2013年4月17日付

2016年9月　大阪府堺市

結婚強奪計画男の恐怖の愛

パチンコ店に勤めていた被害者の小久保愛梨さん（26）は、同僚として辻橋卓也（22）と知り合った。「お前を一生かけて守る」という熱い告白を受けて付き合うことになったが、交際1カ月にして何もかもがイヤになった。

男友達から電話があっただけで不機嫌になる。自分からのLINEの返事はすぐに返さないと許さない。休みの日は常に一緒にいないといけない。携帯電話を隅から隅までチェックされる。もはや、どうしたら機嫌が悪くならないかだけを考えて付き合うようになり、「もうしんどい」と別れ話を切り出した。

すると辻橋は愛梨さんの家に押し掛け、無理やり車で連れ出した。赤信号を無視して暴走しながら「このままオレと一緒に死ぬか、これからもオレと一緒におるか、どっちや？」と迫り、愛梨さんが思わず「一緒におる」と答えると、ますます束縛を強めるようになった。愛梨さんは辻橋以外の人間関係が皆無になった。

その後、辻橋は無断欠勤が原因でパチンコ店をクビになり、土木作業員に転職。愛梨さんはデート代をほとんど支払わされるようになった。

事件が起きる前の花火大会の日、そんな仲でも愛梨さんは楽しみにしていて、仕事を休んで準備していたが、辻橋とは朝から連絡が取れなかった。ようやく連絡が取れたのは開催直前の夕方で、駅で待ち合わせることになったが、辻橋はパチンコで負けたために不機嫌だった。

電車に乗っても無言で、携帯をいじっているだけ。花火大会の会場に着き、愛梨さんが歓声を上げて写真を撮っていると、「オレのことを放置した！」と言って怒り出し、スタスタと歩いて帰り始めた。

「ちょっと待ってよ。私、一緒に花火を見ようと思って楽しみにしてたんだよ。クライマックスの花火は一緒に見ようよ」

「お前だけ勝手に見てればいいじゃねえか！」

そんな捨て台詞を吐いて帰ろうとする辻橋の後ろ姿を見て、愛梨さんは限界に達した。ポロポロと涙をこぼし、花火を背に独り帰路に就いた。

「もう別れましょう。私、我慢できないわ…」

「おう、別れたるわ！」

家に帰ってから電話で話すと、辻橋の怒りはまだ持続していて、いとも簡単に別れ話には応じたものの、これですんなりいくとは愛梨さんも考えていなかった。

その翌日、辻橋の車が家の近くに止まっていて、監視している様子が分かったので、愛梨さんは警察に相談した。

「ストーカー規制法違反に基づく警告を出しましょうか？」

「いや、反撃が怖いので…。こういうことがあるということだけ把握しておいてください」

「それならなるだけ1人で行動しないように注意してください」

「分かりました…」

それ以来、職場への往復も親に頼んだ。案の定、辻橋は車で待ち伏せして付きまとったが、親がいると手を出してこなかった。しばらくすると一転して、〈結婚指輪を贈りたい〉というメールを送ってきたが、当然無視した。

「この野郎、オレのプロポーズを断りやがって…。ナメとんのか！」

これを機に辻橋は歪んだ感情を爆発させ、毎日、愛梨さんの行動記録を自分のスマホに書き込むようになった。

〈○月○日…愛梨の車内に飲み物が二つあった。男がいる証拠かもしれない〉

〈△月△日…バイト休みなのにまたどこか行ってる。多分男と会っているんだろう。白いワンボックスカーの男か〉

〈×月×日…車の中に子どもの靴下があった。家に入る前に電話している。妻子持ちの男と不倫か？〉

辻橋は自分と別れたのは別の男ができたからだと邪推し、「ヨリを戻さなければ拉致監禁してレイプし、婚姻届に判を押さなければ殺す」というとんでもない犯行計画を企てた。

事件を起こす2日前、辻橋は〈元気にしてるか？〉とLINEを送った。ところが、あっさりと既読スルーされたことから怒りが頂点に達し、犯行を決意した。

「まず携帯を見て、電話帳に男の連絡先がないか確認しよう。写真と動画も確認しよう。出会い系を利用していないか、オレのことをどう思っているのかも確認しよう。もし男がいたら殺そう。用意するものはカミソリ、電マ、ローター、結束バンド、朱肉…。ラブホテルとエロ道具を売っているところも調べておこう。婚姻届と花束も用意しておこう」

その下準備として、辻橋は愛梨さんの車のナンバープレートの裏にＧＰＳを取り付け、窓ガラスに盗聴器を仕掛けた。

「オレと結婚すると言わなければ、拉致してレイプしよう。慎重に、冷静に、周りを見渡して警戒し、絶対に逃げられないように…」


事件当日、辻橋は自分の名前を刻印した指輪を用意し、百均ショップでアイマスク、ビニールテープ、カッター、筆記具をそろえ、さらにアダルトグッズを扱う店で手錠やさるぐつわ、ローションなどを購入した。愛梨さんが勤めているパチンコ店の駐車場で待機し、出て来るのを待った。

愛梨さんにとって不幸だったことは、この日に限って1人でバイトに来ていたことだ。午後10時過ぎに仕事を終えて駐車場に向かうと、車の陰からヌッと辻橋が現れた。

「な、何しに来たん？」

「何しに来たんちゃうわ。お前を殺してオレも死ぬ。はよ車に乗れ！」

愛梨さんは自分の車の運転席ドアに押し込まれ、その後に続いて辻橋が乗り込んできたので、必然的に助手席側に追いやられた。そして、すぐに辻橋はドアをロックした。

「お前、男おるやろ。携帯見せろ！」

「さっき揉み合っていたときに外で落とした」

「ウソをつけ！」

愛梨さんは顔面を平手打ちされ、首を絞められ、両手をタオルで緊縛された。口にはさるぐつわをされ、その上からガムテープを貼られ、カッターナイフを突き付けられた。

（殺される…）

額に浮かぶ大量の汗、尋常ならぬ目つき、これまでに感じたこともない狂気を目の当たりにして震え上がった。

「携帯を探してこい。逃げるなよ。逃げたらどうなるか分かっとるだろうな」

愛梨さんは車外に脱出できたので、携帯を探すフリをして、一瞬の隙を突いて逃走した。

「待てっ！」

辻橋はすぐに追い掛けて来て、ヘッドロックをかけて押し倒した。

「お前、逃げやがったな。逃げたらどうなるか分かってたんだろうな！」

「イヤや、助けてーッ」

辻橋は愛梨さんを組み伏せたまま包丁を取り出し、「ドン」と押すような形で胸に包丁を突き刺した。

「何で？」

パキッという音がして、ドクドクと心臓から血が流れる気配を感じた。

（私、死ぬんや…）

辻橋はその場から逃げ出した。愛梨さんは必死で近くのコンビニまでたどり着き、助けを求めた。店員はすぐに１１０番通報した。

愛梨さんは病院に救急搬送され、全身の血を入れ替えるほどの輸血をして一命を取り留めた。

一方、辻橋は自分で「元カノを刺した」と110番通報していたため、駆け付けた警察官に殺人未遂容疑で逮捕された。車の中からは指輪や婚姻届とともに大量のエロ玩具が見つかり、スマホに書き込まれた記録から愛梨さんを監禁レイプして、結婚に応じなければ殺してしまうという犯行計画も発覚した。

それなのに辻橋は「失恋のショックで情緒不安定になり、事件当時のことは何も覚えていない」と言い訳した。愛梨さんは法廷で訴えた。

「反省文で謝られても、事件の記憶がないと言っているのだから、何に対して謝っているのか分からない。付き合っているときもイライラすると刃物を見せられ、『オレは警察なんか怖くない』と言っていた。今からお礼参りが怖いです。『お前が逃げたら、家族に危害を加える』と脅されていました」

そもそも、なぜフラれたのか分かっているのだろうか。こんな危険な男はシャバに出してはいけない。稀に見る凶悪なストーカーである。

元カノ一家全員を放火で殺そうとした男

2019年5月　愛知県岡崎市

事件の被害者となる竹下香織さん（23）の家庭は、両親が不仲でギクシャクしていた。それというのも、父親の浮気が発覚したからだ。毎日のように「離婚」について話し合いをしている両親の姿を見るのがイヤで、香織さんは家出同然の生活を送り、なかなか家に帰りたがらなかった。

そんなときに知り合ったのが関龍次（26）だった。香織さんが行きつけにしていた居酒屋で「ダーツのプロ」として紹介された。香織さんは関の神業のような技術に驚愕した。

関と何度も顔を合わせるうちに親しくなり、1カ月後には交際に発展。家に帰りたくないという悩みを相談すると、「じゃあ、一緒に暮らそう」と同棲を持ちかけられた。香織さんは何度も関の家に泊まった。

だが、夏になると、エアコンのない関の家は寝苦しくなった。そこで香織さんは「それなら私の家に住めばいい」と提案し、家族に「彼氏」として紹介した。

「彼の家のエアコンが壊れちゃったの。車の中で寝かせるのはかわいそうだから、自宅に泊めてあげてほしい。すぐ出て行くから」

両親はただでさえ家に寄りつかない娘が、反対すると本当に出て行ってしまうのではないかと思い、受け入れることにした。こうして香織さんと両親、兄、祖母が同居する自宅に関が入り込むことになった。

関は「2人で暮らすための金を作る」と言って、真面目に働いていた。そんな娘カップルを見ていて、両親も自分たちの生活を見直し、離婚話を撤回した。

すべてがうまくいっていたはずなのに、香織さんは関との付き合いに、だんだんと「疲れ」を感じるようになった。

「お父さん、関と結婚したらどう思う?」

「お前が幸せならいいんじゃないか」

「でも、けっこう束縛が強いんだよね。友達と遊びに行くと怒るし、大学のサークルに参加しても怒るし」

「それは社会人になったら困るだろうな。そのあたりのことはよく考えた方がいいぞ」

「分かった」

香織さんは次の行動が早かった。いきなり、関に別れ話を切り出したのだ。というのも、アルバイト先に気になる男性が現れたという事情もあった。

関は自宅から追い出され、翌日から泣きながら何度も電話をかけてくるようになった。

「やり直したい。お前がいない人生なんて、生きている意味がない。悪いところは直す。こうなったら、お前の写真をユーチューブに上げながら死んでいく…」

それでも香織さんが無視していると、関はだんだん脅迫的なことを言うようになった。

「お前を殺してオレも死ぬ。お前の家族も殺してやる。お前が誰かと幸せになることを考えるのはしんどい」

香織さんが他に好きな人ができたことを打ち明けると、「そいつの目の前で殺してやる。調べるのは簡単だ。お前の大切な奴を全部殺すからな」と脅された。

「オレにもチャンスをくれ。期間限定でいい。1～3カ月でもいい。オレが変わったところを見てほしい」

ここまで言われれば、仕方ない。香織さんは関の要求を飲むことにした。

ところが、その後も関の執拗な脅迫は続いた。

「元に戻るか、オレを殺すか、どっちかにしろ。二択だよ」

「えっ」

「お前の大切な奴を殺すのが三択目だよ」

関は「不法滞在の中国人に頼めば、殺しなんかいくらでも引き受けてくれる」とか、「すでにお前の家の住所は教えてある。あとは電話するだけだ」などと言って脅した。

「それだけはやめて！」

「それならオレを殺すか、ヨリを戻すかだ」

香織さんは関にカッターナイフを手渡された。

「戻れないなら、オレを殺せよ。正当防衛で4～5年で出て来られるぞ」

「それはできない。私が死ねば解決するの？」

「それはないよ。こんなに愛しているんだから。そんなことをしたら、お前の大切な奴を殺しに行くよ」

これ以上、関を怒らせれば、本当に家族や友人を殺しに行くかもしれない。

「もう分かった。何も言わない。これからも一緒にいるし、どこへも行かない」

「誓えるんだな」

「誓う」

「浮気したら、そいつも殺すし、家族も殺すぞ！」

香織さんは頭が真っ白になり、自宅に帰ってから父親に今日までの関の言動について話した。父親は香織さんからスマホを預かった。

〈父です。もう娘を追い込まないでくれ。この携帯は私が預かる。もう娘には会わせないから、連絡してこないでくれ〉

〈話をさせてください〉

〈キミのお母さんと私と同席なら、会わせてやることもやぶさかではない〉

〈2人で会えないならいいです。荷物を取りに行きますから、玄関先に置いておいてください〉

自宅にやって来た関とは、父親が対応した。

「オレが話したこと、全部知ってるんですか？」

「だいたい知ってるよ。今回は縁がなかったと思うんだね。また落ち着けば、会える日も来るだろう」

「いや、もう二度と会うことはありませんから…」

関は一礼して帰って行った。これで終わったと思っていた。ところが、香織さんのスマホに〈すべて壊してやるからゼロになれ〉というLINEが届いたのだ。香織さんは言った。

「あいつはそんなに甘い奴じゃないよ。何を仕掛けてくるか分からない」

父親は玄関のオートロックの暗証番号を変えた。寝る前にはすべての窓が施錠されていることを確認した。明日にも警察に相談して、防犯カメラを取り付けなければならないと思っていた矢先、問題の事件が発生したのだ。

「ドーン‼」

深夜2時過ぎ、家が揺れるほどの爆発音が響いた。扉を開けると、廊下から熱風を伴う煙が入ってきた。

「火事だ‼」

父親は娘と息子の部屋へ行き、2人の無事を確認してから、ベランダから脱出させた。1階で寝ていた祖母はいち早く庭へ出ていた。

母親だけが逃げ遅れ、3メートルもの高さがあるひさしの上から飛び降りたため、着地したときに右足首挫傷で全治16日間のケガを負った。家屋は全焼した。

「こんなことをするのは、関しか考えられない」

家族の誰もが思った。玄関前には見慣れないガソリンの携行缶が置かれていた。

警察に事情を話したが、また関が香織さんを襲ってくる可能性があり、父親はいち早く遠方の知人のところに預けた。

案の定、関は事件後も香織さんの行方を探しまくっていた。香織さん宅から祖母の車だけがなくなっていたので、香織さんがそれに乗って逃げているのではないかと思い、駅、病院、ビジネスホテルなど、駐車場があるところは一通り探した。友人に頼んで香織さんの携帯にかけてみたが、着信拒否になって

交際女性宅放火
被告の男が否認
名古屋地裁支部公判

別れ話をしていた交際中の女性宅に火を付け、女性と家族計五人を殺害しようとしたとして、殺人未遂や現住建造物等放火などの罪に問われた愛知県岡崎市中之郷町、無職[redacted]被告(三〇)の裁判員裁判初公判が五日、名古屋地裁岡崎支部であり、[redacted]被告は「やっていないので何も話すことはない」と起訴内容を否認した。

検察側は冒頭陳述で「女性から交際継続を断られたことによる犯行」と動機を指摘。弁護側は、被告が左足首のみにけがをしていたことから「火を付けていたとしたら、もっと広範囲にやけどなどをしていたはずだ」と主張した。

起訴状などによると、二〇一八年十二月二十五日未明、当時二十二歳の女性ら五人が住む岡崎市内の民家に侵入。殺そうと考えて玄関付近にガソリンをまいて放火し、全焼させたとされる。五人は火事に気付いて避難、女性の母が軽いけがをした。

被告は女性に脅迫メールを送るなどして脅迫容疑で岡崎署に逮捕され、一九年四月に強要未遂罪で有罪判決を受け確定している。

「中日新聞」2020年10月5日付

いた。

「一体、どこへ行ったんだ。こうなったら、本当にヒットマンを使って、家族全員をやってやろうか」

一方、警察は着々と捜査を進め、香織さんを脅した強要未遂容疑などで、関を逮捕した。当然、放火についても追及したが、「やってません」と言い張った。

だが、関の左足には帯状の火傷の痕があった。関の足取りを追ったところ、事件前日夕方に友人からガソリンの携行缶を借りていたことが判明。さらにホームセンターで給油ノズルを購入し、ガソリン22リットルを購入していたことが分かった。

また、事件直前には香織さん宅の近くのコンビニにいたことも判明。事件発生時には香織さん宅に滞在していたことも携帯のGPSから判明した。

これだけの証拠がありながら、関は公判で「黙秘でお願いします」と言って、何もしゃべらなかった。

裁判所は「交際を拒絶された恨みを晴らすという動機は身勝手かつ卑劣。犯行時間帯に現場付近におり、友人から借りたガソリンの携行缶が現場に残されていることなどから、被告人が犯人であることに疑いを生じさせない」と断罪し、求刑通り懲役15年を言い渡した。

だが、これほど鉄面皮の男は、出所後にお礼参りにやってこないだろうか。

2014年10月　東京都豊島区

恋人に熱湯かけられ監禁レイプ

藤枝拓也（20）は昨春、一浪して念願の難関国立大に入学し、夢のキャンパスライフをスタートさせた。まもなく他の女子大とも交流があるテニスサークルに入り、そこで知り合ったのが高野寛子さん（20）だった。

見るからに美人の寛子さんに藤枝はゾッコンになり、うまく言い寄って意気投合。1対1でデートする関係になり、約1カ月後には藤枝の20歳の誕生日を祝う形で肉体関係を結んだ。

「おめでとう。ついに20歳だね。彼女としてお祝いできるのが嬉しいよ。これからも一緒に頑張って行こうね」

東京スカイツリーで夜景を見て、横浜ベイブリッジに流れるという超ロマンチックな一夜。ベッドインして、初めて見た寛子さんの裸体にも大興奮した。

「ああ…、すごいわッ」

寛子さんが下から両手を回して「そのまま奥まで…」とねだると、藤枝もズブズブと根元まで貫いて身を委ねた。何という快感だろう。辛かった浪人時代が報われる気がした。同い年とはいえ、寛子さんは1学年上になる。童貞だった藤枝より、はるかに垢抜けていた。

「将来は一緒になろうな」

「うん」

2人はそれから狂ったようにセックスを重ねるようになり、少しでも会う時間を増やそうとお互いの親に一人暮らしを提案することにした。藤枝の母親は「まだ早い」と言下に反対したが、事情を知った会社経営者の父親は「母親がべったりでは将来女を口説けない男になってしまう」と言って、アパートを借りる資金まで出してくれた。

「ありがとう、父さん！」

朗報は続くもので、寛子さんもマンスリーマンションを借りることに成功。2人はどちらかの家に宿泊して大学に通うという夫婦同然の生活を送るようになった。

ところが、それだけ密着した生活を始めると、お互いに知られたくなかったこともバレてしまうことになった。寛子さんが藤枝に隠れてガールズバーの体験入店に行っていたことが発覚した。

「どうしてオレに断ってから行かないんだよ！」

寛子さんがそのことを認めず、「その日は友達の家で寝ていた」などと見え透いたウソをついたことから、なおさら藤枝の怒りを買った。

さらに同じサークルの先輩から「好きだよ」と告白され、その先輩とＬＩＮＥでやり取りしていたばかりか、ツーショット写真を撮っていたことが判明した。

「お前、これはどういうつもりなんだ。またオレに隠しごとをしていたのか！」

藤枝は怒って携帯を叩き壊した。それだけでは気が済まず、寛子さんの部屋に乗り込んで窓ガラスを叩き割った。すると後日、寛子さんの母親から電話がかかってきた。

「あなた、携帯や窓ガラスの修理代は誰が出すと思ってるの？」

それはもっともな主張だと思い、「弁償しますので…」と謝った。だが、母親の要求はそれだけでなく、「もう娘のマンションには立ち入らないで」と言われた。それは言い過ぎだろうとカチンときた藤枝は、母親の携帯番号を着信拒否。すると、マンスリーマンションの契約を解除された。


それからは寛子さんを自分のアパートに招く形になったが、寛子さんの態度がだんだん変わってきて、別れ話をほのめかさるようになった。

「何言ってんだよ、オレと一緒になるんだろ？」

「だって…、私を束縛しすぎじゃないの？」

「それは付き合ってるんだから、当たり前だろう！」

事件前日も寛子さんは藤枝の家に泊まりに来ていて、朝までセックス三昧。昼過ぎに目が覚めたとき、「明日はテニスサークルの仲間たちとお台場へ行きたいの」と寛子さんが言ったことが事件の始まりだった。

「先月は拓也とケンカしたりして、マンションを引き払うことになったり、友達と遊ぶ時間が取れなかったでしょ。その埋め合わせがしたいのよ」

「そんなことを言って相手は男じゃないだろうな？」

「違うわよ」

「お前には前科があるからな。あまりオレに信用されてないんだよ」

そう言うと、藤枝は寛子さんの首筋などにキスマークを付け始めた。服を着ても見えるような場所に大胆なキスマークを付けられ、寛子さんは「もう行く気がしなくなった」と激怒した。

「何でこんな勝手なことをするのよ。もう別れる！」

「またそれか…、ちょっと気に食わないことがあるといつもそうだろ。そんなんじゃ誰とも付き合っていけないぞ。自分の悪いところを直せよ」

「もういい。とにかく別れたいの！」

「何だと、コラ。殴るぞ」

「殴ったらいいじゃない。それで気が済むんなら」

売り言葉に買い言葉でカッとなり、藤枝は「何を開き直ってんだ！」と言いながら寛子さんを殴りつけ、ガムテープで口をふさぎ、電気コードで両手足を縛った。

「うちのサークルはなァ、酒飲ませて、ラブホ連れ込んで、ヤリ捨てする奴も多いんだぞ。お前はそういう警戒心すらないだろ。そんなことになるんなら、オレがヤッてやる。いっぺん、無理矢理セックスされる気分を味わってみろ」

藤枝はスカートをめくってパンティーのすそをこじ開け、強引にヴァギナにペニスをめり込ませた。

「痛い、痛いっ…！」

藤枝はしゃにむに突きまくり、口端を吊り上げながら雄叫びとグラインドを繰り返した。

「これでも食らえっ！」

射精と同時に引き抜き、ドバーッと精液を寛子さんの顔面に浴びせた。寛子さんはふて腐れて「気が済んだのなら、帰らせてね」と言い放った。

「何だと…、まだお前は反省が足りないようだな！」

藤枝は熱湯が入った鍋を持ち出し、寛子さんの体に向かって浴びせかけた。

「ギャーッ、熱いっ！」

これにはたまらず、寛子さんは「ごめんなさい、ごめんなさい」と繰り返した。寛子さんの腹には一生残りそうな赤黒いケロイドが残った。藤枝は「反省の程度を見る」と言いながら、またしても強姦。その後も手足を拘束したまま犬食いさせたり、排泄させたりした。


ようやく手足の拘束を外されると、〈これからもあなたと一緒にいます〉〈自分の中の何かが変わることを信じたい〉という証文を何枚も書かされた。

藤枝の本性を見た寛子さんは恐怖感で何も逆らえなくなった。藤枝のご機嫌を取りながらさらに数日間を過ごし、「家に帰りたい」と言う代わりに、「そろそろ大学へ行かなきゃ…」と言いながら、一週間ぶりに脱出することに成功した。

家に帰った寛子さんは両親に相談して警察へ。一方、藤枝はＬＩＮＥのメッセージが「既読」にならないことに腹を立て、〈このままつながらなかったら、実家へ行くぞ。家族を巻き添えにしても構わない〉という脅迫メールを送ってきた。

それでも無視され、藤枝はナイフを持って、寛子さんの大学の正門前で待ち伏せした。その様子を不審に思った警備員が警察に通報し、職務質問でナイフが見つかったため、銃刀法違反の現行犯で逮捕された。

その後、寛子さんに対する逮捕監禁、強姦、傷害事件が発覚。寛子さんは「藤枝の存在自体が凶器。せめて大学在学中は絶対に釈放しないでください」という供述調書に判を押した。

その心変わりに驚いたのは藤枝の方で、「ずっと好きでいてくれると信じていたのに…」と涙ぐんだ。

「彼女のことを理解していたつもりだけど、そうじゃなかった。相手から見ても理解されていなかった。そこまで嫌われていたとは思わなかった。自分の気持ちを押し付けても愛は勝ち得ないことが分かった。自分のは独占欲にすぎなかった。本当に愛していなかった。僕のいないところで幸せになって欲しいです…」

藤枝はせっかく入学した大学を退学処分となり、父親の仕事を手伝うことになった。どうして失恋することになったのか、本当に分かっているだろうか。暴力で服従させても、女心はつかめないのだ。

2020年1月　東京都新宿区

スポーツ連盟の常務理事が事務員をストーカー

約1年前、オリンピックの競技種目でもあるスポーツ連盟が「ハラスメント行為があった」として、木村幸助常務理事（60）を処分すると発表した。

木村はすべての役職から離れる辞表を提出。常務理事から理事への降格、競技力向上委員長から委員への降格が決定した。

連盟はハラスメントの内容はプライバシー保護の観点から公開しないとした上で、「本連盟といたしまして、本当に残念なことであるとともに、被害者の方に深くお詫び申し上げます。今後、このようなことが再発することがないよう、一層、コンプライアンス順守を徹底してまいります」とコメントを発表した。

これでは何が起きたのか分からない。その後、続報が出ることもなく、真相は闇の中へと葬り去られた。

ところが、まもなく木村はストーカー規制法違反容疑で警察に逮捕されていたことが判明。被害者は連盟の事務員の女性であることも判明した。

仮に被害者をA子さんとしよう。A子さんは還暦の木村から見れば、娘のような年齢の女性である。

直接の部下ではないが、職場で会う機会はたくさんあり、大会になると、毎日顔を合わせるような関係だった。

このA子さんに木村はいたくご執心だったようだ。

A子さんは木村にフェイスブックで友達申請され、承認した。するとフェイスブックのメッセンジャーを使って、たくさんメッセージが送られてくるようになった。内容はほとんどが自分の過去の自慢話だった。

立て続けに長文のメッセージを送られ、最初はA子さんも返していたが、次第にイヤになり、短い文章にしたり、間隔をあけて返すようになった。

誕生日プレゼントとしてマフラーをもらったこともあった。「プライベートで行ったハワイのお土産だよ。飛行機の物販のカタログで見つけたんだ」と言うのでもらうことにした。

その後、「LINEのID教えてくれ」と言われ、それも交換した。同様にLINEにも長文のメッセージを送ってくるようになった。それもA子さんはイヤになり、朝送ってきたものを夜に返すなど、何とか気のないことを知らせようとしたが、木村はそれにまったく気付かなかった。


さらに木村はA子さんの父親が経営する飲食店に友人と2人でやってきた。A子さんが1時間ほどして、個室にあいさつに行くと、「一緒に飲もう」と誘われ、3人で飲むことになった。A子さんは木村の隣の席に座った。

まもなく友人が「先に帰る」と言うので、玄関先まで見送ったところ、木村は友人が座っていた席に移動していた。それでA子さんが対面の席に座ったところ、なぜかA子さんの隣の席に移動してきて、いきなり抱き付いてキスをしてきたのだ。

「キャーッ!」

さらにデニムのベルトを外され、下着の奥に手を入れられた。

騒ぎに気付いた店のスタッフが来てくれたので、それ以上の被害は回避できた。

木村はかなり酔っ払っていた。A子さんとしても騒ぎを大きくしたくなかったので、職場では一切黙っていた。だが、これが木村をさらに増長させるきっかけになるのだ。

「また店に行きたい。一緒に飲もう」

木村の希望は金曜日の夜だったが、それでは粘られて長く飲むことになりそうだったので、水曜日から木曜日を提案した。

「どうしても金曜日がいい。前回と同じように個室で飲もう」

A子さんは前回の行為が頭をよぎり、「オープン席なら」と交渉。結局、金曜日の午後6時から一緒に飲むことになった。

ところが当日、母親が体調を崩したため、30分ほど遅れてオープンさせなければならないことになった。

A子さんは事情を話し、店で待っていると、まもなく木村がやって来た。2人はオープン席に座り、3時間半ほど飲んだ。

午後10時頃、A子さんの母親から「そろそろ帰ってきて欲しい」と連絡が入った。同様に連絡を受けていた同店スタッフの兄が「そろそろ帰ってくれ」と言って、伝票を持ってきた。

「木村さん、申し訳ないです。母が呼んでいるようなので、そろそろお開きにしてもいいですか?」

「オレはとことん飲むつもりで来たのに、もう終わるのか?」

木村は途端に不機嫌になり、「もう一杯付き合え」と言うので、それぞれハイボールを1杯ずつ飲むことになった。

「誰か付き合っている人はいるのか?」

「えっ?」

唐突にプライベートなことを聞いてきたので、A子さんは戸惑った。

「結婚を前提に付き合っている相手がいます」

「じゃあ、ヤッたのか?」

「えっ?」

A子さんは絶句して別の話題に切り替えようとしたが、木村は何度も「ヤッたのか?」と繰り返し、

「もういい加減にして下さい」と話をさえぎった。

すると、木村は突然、A子さんを見つめ、「あなたに恋をしました」と言ってきた。A子さんは呆れてしまい、トイレに立った。


トイレから戻ってくると、木村がいなくなっていた。

〈もう帰られましたか?〉

LINEを送ると、木村からは怒ったようなメッセージが返ってきた。

〈普通の人間なら、何はともあれ帰るわな〉

それが木村からの最後のＬＩＮＥになった。

それから1週間後、木村のフェイスブックにA子さんの態度をなじる文書が載せられた。〈約束の時間を守らず、食うだけ食って、自分に代金を支払わせた〉という内容だった。A子さんは腹が立ち、スクリーンショットに保存した。

それからしばらくして、また〈前回についての謝罪がない〉という内容の文書を載せられた。そのときはA子さんが自分で見れない状態になっていた。

さらに同じような誹謗中傷が繰り返され、その中身を見た職場の同僚が「こんなことが書かれていた」とスクリーンショットにしたものを見せてくれた。

A子さんはたまりかね、職場の上司に相談した。これまでの経緯やＬＩＮＥのやり取り、フェイスブックでの誹謗中傷の〝証拠〟を提示した。

「これはひどい。告発文書を作ってくれないか」

木村の醜聞は連盟の幹部の耳に届くことになり、木村は厳重注意を受けた。

すると、木村は反省するどころか、「とても傷ついて憤りを感じた」「ブス顔を見たくないので辞めろ」「お前はコロナウィルスだ」といった手紙を3回にわたって送ってきた。A子さんはこの手紙を持参し、警察に届けた。

警察がストーカー規制法違反事件として動き出したと知ったとき、さすがに木村も慌てた。それが大詰めになって、木村は観念。自ら連盟に「ハラスメント行為を行った」と報告した。

連盟はそれを受けて、第三者委員会を設置。調査結果を受けて、マスコミに木村の処分を発表した。木村の事件は被害者のプライバシーにかこつけて、箝口令が敷かれ、その後、起訴されたことも極秘に伏されたが、もはや木村が連盟に復帰することは絶望的だろう。

木村はオリンピックへの出場経験もある元日本記録保持者。日本代表コーチとして、銀メダリストを育てたこともある。ＮＨＫの解説者としても知られ、スポーツ教室を運営する会社の常務取締役でもあった。

それが今回の事件でパーだ。娘のような年齢の事務員に狂い、自ら晩節を汚したということだろう。木村は求刑通り罰金50万円を言い渡された。

第3章

心霊事件

2013年9月　京都府亀岡市

「女の霊に追われている」と警察に飛び込んできた真犯人

「公園の遊歩道に血まみれの女性が倒れている」

こんな119番通報で救急隊員が駆けつけたところ、被害者の山本佳代子さん（32）が首を刺されて倒れていた。被害者の勤務先であるメガネ店は遊歩道の真裏のビル内にあり、被害者はいつも遊歩道に通勤用のバイクを駐めていた。

警察の捜査で、まもなく不審な人物が2人浮かび上がった。一人は犬猿の仲だった勤務先の店長である。事件直前まで一緒にいたことは本人も認めていたが、事件への関与は否定した。

もう一人は中学時代の元カレの男だった。事件の数日前、同窓会に出席した佳代子さんは元カレと再会して言い寄られ、事件前日には何度も復縁を求めるメールを送られていた。

警察はこの2人を中心に被害者の交流関係を洗っていたが、事件から5日後、まったくノーマークだった系列店長の亀田光明（47）が突然、「私が殺しました」と言って出頭してきた。亀田は憔悴しきっており、「自殺しようと思ったが、それでは彼女に許してもらえないと思い、自首することにした」などと話した。

亀田は取り調べにも素直に応じて、被害者を殺すことになった経緯を丁寧に説明した。ほんのわずかの期間、佳代子さんと不倫関係にあったことも話した。

だが、1年前に別れ、その後は元の上司と部下に戻り、何のわだかまりもなく付き合っていたというが、亀田が語った犯行の動機は信じ難いものだった。

「彼女は非の打ち所がない完璧な女性だった。おそらく理想の結婚相手を見つけて、幸せになると思った。それに引き換え、自分はバツ2となり、給料も下げられて、閑職に追いやられることになった。彼女にも世の中、うまくいかないことがあるということを教えてやりたかった。人間的なジェラシーを感じていたので、彼女が幸せになるのを阻止してやりたかった」

いったいどういうことなのか？

亀田はメガネ専門学校を出て、この業界の技術者として生きてきた。複数の会社を渡り歩き、その間に1回目の結婚をしたが、妻との間に子どもをもうけたものの離婚。39歳で2度目の結婚をした。その後、事件当時に勤めていたメガネ店チェーンに転職、そこで知り合ったのが佳代子さんだった。

佳代子さんは美人で聡明なだけではなく、目の不自由な客を見つけるとさっと駆け寄って手足になるような優しさを兼ね備えていた。同僚にも丁寧に接し、職場での人間関係も良好。以前はブティックで自らがモデルを兼ねるハウスマヌカンをしていた。転職する度に自分自身がスキルアップしていくタイプで、社長にも一目置かれていた。

問題はそんな彼女が亀田の一夜の誘いに乗ってしまったことである。亀田も不思議に思ったが、「初めて会ったとき、キラキラしたオーラが見えた。私、一目惚れしないタイプなのに一目惚れしちゃった。私のおばあちゃんが占い師で、亀田さんはご縁があるって言ってたから」などと話した。

亀田は棚ボタのように佳代子さんと不倫関係に陥った。日頃は才色兼備の淑女なのに、ベッドでは淫らな娼婦のようだった。

佳代子さんは既婚者の亀田に遠慮して、平日のみに会っていたが、次第に「コソコソ会うのは辛い」と言い始め、亀田も頭を悩ませた。

「妻と比べたら、佳代子の方がいいに決まっている。でも、このままの関係を続けていたら、いずれ自分が佳代子に捨てられることになるだろう。この年になって理想の女と巡り会うとは…」

結局、亀田は妻に離婚を切り出した。それでバツ2になったが、これで佳代子さんと付き合えると思いきや、佳代子さんの方から「結婚は無理」と別れ話を切り出してきた。

「私が子どもを抱いて泣いている姿が見えるって、おばあちゃんが言ってるの。前の奥さんと一緒に住んでいた家に住むのもイヤ。また子どもができたら、ややこしくなるでしょう。前の亀田さんと私に戻りましょう」

その後の佳代子さんはフォローも完璧で、別れる前と変わりなく電話もメールもしてきた。顔を合わせれば挨拶するし、交際中にプレゼントしたネックレスは変わらず着用。服を買うときもメールで相談してくるし、亀田自身も「本当はまだ未練があるのではないか?」と思うほどだった。

別れてから半年ほど経った頃、2人きりの食事に誘ってみた。

「もう未練はありません。今の関係が理想だと思います」

その後、もう一度食事に誘い、ラブホテルに誘ってみたが、きっぱりと拒否され、ようやく目が覚めた。佳代子さんが自分と変わらない付き合いを求めてくるのは、仕事上でメリットがあるからだろう。いや、むしろそれが目的だったのかもしれない。

その証拠に佳代子さんは自分とウマが合わない勤務先の店長について、追い落としの協力を求めてきた。

「金にならない客は相手にもしないし、あんなのは店長の器じゃない。私、裏から手を回して降格させてやろうと思っているのよ」

事件直前、亀田は仕事の上でも佳代子さんにかなわなくなってきていた。佳代子さんが社長に進言して始めた成果主義による給料制で、佳代子さんは最上位のSランクに位置していたが、亀田は最低ランクのDランクに下げられ、別の支店に飛ばされることになった。

亀田は佳代子さんと別れてからくすぶっていた複雑な感情がよみがえってきた。佳代子さんと出会わなければ妻と別れることもなかったし、年功序列の給料が下げられることもなかっただろう。いずれ佳代子さんは理想の結婚相手を見つけて、さらに昇り詰めていくに違いない。そんな薔薇色の人生は阻止してやらなければならない――。

亀田は密かに入念な殺害計画を練り始めた。殺す場所は佳代子さんがいつもバイクを駐めている遊歩道がいいだろう。退社時間なら人通りも少ない。自分の店は近くのショッピングセンター内にあるので、午後8時まで営業中だが、勤務時間中に抜け出して襲えば、アリバイが成立する。別の服装に着替えればいいだろう。

事件当日、亀田はナイフやハンマーを用意し、段ボール箱に凶器を隠して、出入りの業者を装い、ショッピングセンターの搬入口から出た。

現場に向かうと、スマホをいじりながら歩いている佳代子さんを見つけた。後ろから近づいてハンマーを振り下ろそうとしたとき、振り返って「キャーッ!!」と叫ばれた。その口をふさぐために押し倒し、用意していたナイフで首元を突き刺した。

凶器は回収して退散。元の道を戻って、仕事場に帰ったが、誰にも怪しまれなかった。佳代子さんが死んだことは、佳代子さんの勤務先の店長からの電話で知った。

「オレが犯人だと疑われているんだ。最後に接触したのはオレだが、絶対にやっていない!」

3日後、彼女の告別式には亀田も参列した。ところがお棺の彼女と対面した途端、彼女の目がカッと見開き、「私はあなたを許さない。必ずあなたを追い詰めてやる!」としゃべったのだ。もちろん他の人には何も聞こえない。目の錯覚だったのかもしれない。

だが、それから亀田は彼女の幻影に追われるようになった。どこにいても彼女に見られているような気がするのだ。彼女が夢枕に立ち、鬼のような形相で見下ろしていたこともあった。家のインターホンが鳴り、ドアスコープで覗くと、佳代子さんが立っていたこともあった。会社にも現れるようになり、壁を通り抜けて亀田のそばまで寄ってきた。

亀田はこれらの恐怖体験に2日と持たなかった。「殺した女の霊に追われている」と警察に出頭した。それから佳代子さんの幻影はピタリと現れなくなった。

亀田は公判でも佳代子さんに泣きながら謝罪したが、げに恐ろしきは〝男の嫉妬〟である。自分より仕事ができる相手は、殺したくなるほど憎くなってしまうのだろうか。亀田は「用意周到に準備した計画的かつ悪質な犯行」と断罪され、懲役15年を言い渡された。

2021年6月　千葉県袖ケ浦市

充電切れしたスマホが動き出して居場所が分かった自殺志願者

犯人の桐島智光（23）は寺院の息子として生まれ、仏教系の大学に進学したが、1年ほどで中退していた。

その後、就職活動に失敗し、アルバイトを転々としたが、何をやってもうまくいかなかった。失敗を注意されただけでやめてしまったり、運転免許の試験にも3〜4回落ちた。こうした経験は桐島にとって「大きな挫折」となり、ツイッター（現X）で自分の辛い気持ちを吐き出すようになった。

だが、桐島は自分以上に深刻な悩みを抱え、〈死にたい〉と口にする人たちが多いことに気付き、〈私は僧侶の息子でカウンセラーもやっている。私が話を聞いてあげるよ〉などとつぶやくようになった。ネットで作り上げた架空の人物像を演じることによって、自分の承認欲求を満たすようになったのだ。

自殺志願者には最初から〈死んではいけません〉と言うのではなく、〈殺して差し上げましょう〉と返信し、関心を持ってもらうことも学んだ。現実に殺す打ち合わせをして、痛々しい話から恐怖心を与えると、思い止まって前を向いてくれることも知った。

特に女性の場合、思い止まらせると後から交際に発展することもあり、現実に桐島は〈死にたい〉と言っていた元自殺志願者の女性と交際することも多かった。

これだけでやめておけばよかったものを、桐島はその後も交流を繰り返し、２００人以上の自殺志願者に声をかけていた。

そのうちの１人が事件の被害者となる長谷川香さん（19）だった。香さんは母親との関係に悩み、うつ病を発症して美容師見習いの仕事を休職中だった。

〈どうしたら私が怠けているわけじゃないということを母に分かってもらえるでしょうか?〉

〈今までよく頑張ってきましたね。褒めてあげます。よしよししてあげます〉

〈それで、本当に私を殺してくれますか?〉

〈あなたが幸せな気持ちを抱いたときに殺してあげます。苦しみを味わったまま殺すつもりはありません〉

〈飛び下りは怖いし、首吊りもダメだった。ネットで知り合った人から毒物を買おうとしたけど、15万円騙し取られました〉

〈かわいそうに…。本当に死ぬ気はありますか?〉

〈正直、親が産んでくれた体なので、死ぬのは躊躇しています〉

〈それなら重傷に止め、あなたの苦しみを周りに知らしめる程度でいかがでしょう。それで足らなければ私が殺めるということで…〉

〈本当ですか。それでお願いします〉

〈どの程度なら、傷つけてもよいのでしょうか?〉

〈入院するぐらいの範囲にしていただきたいです〉

〈それなら準備してもらいたいものがあります。大きめの包丁、ロープ、手袋です。あと、当日までにＬＩＮＥの履歴は消しておいてください〉

〈分かりました〉

〈必ずや香さんの心を皆に知らしめましょう。私は今後も寄り添いますから〉

〈ありがとうございます。すごく心強いです〉

〈心が晴れたら、いつか食事でもしましょう〉

〈はい、分かりました〉


2人は事件の決行日を決め、現場は香さんの自宅近くにある住宅街の中の竹林と決まった。

事件当日、香さんは言われていたように量販店で包丁とロープと手袋を購入した。桐島は電車を乗り継いでやってきて、午前10時過ぎに合流した。2人は人気のない竹林の奥へと入って行った。

「まずはロープで両手を緊縛しよう。自分で１１９番できるようにスマホは近くに置いておいた方がいい。僕は通り魔を装って、太ももを1回刺すからね。致命傷にはならないから」

桐島は買ったばかりの包丁を取り出し、香さんと刺す場所を打ち合わせた。ジーンズをはいている香さんの右足の太ももを目がけて、「それじゃあ、いくよ」と言いながら、1回突き刺した。

それは予想以上に深く刺さった。だが、その場に〝通り魔〟がいてはいけないし、香さんにも「早くどこかへ行って」と言われたので、包丁を持ってその場から立ち去った。

桐島はその足で交際相手に会いに行った。その交際相手も元自殺志願者である。

「とにかく、今日はヤリたい気分なんだ」

桐島は交際相手とラブホテルにしけ込み、セックスにふけった。一度死ぬ決意をした女性は恥の概念を失くすことを知っていた。だからこそ、ナンパするにはふさわしい相手なのだ。

その翌日には、香さんと並行して相談に乗っていた自殺志願者の少女を呼び出し、公園の多目的トイレでセックスした。だが、これが自分の首を絞めることになるとは、予想だにしていなかったに違いない。

一方、香さんは救助を求めるつもりが、出血多量で意識朦朧となり、その場に倒れ伏したまま失血死してしまった。まもなくスマホの充電も切れた。

その日、香さんが帰ってこなかったことから、母親や兄が心配したが、香さんは高校時代から無断外泊の常習者だったため、「また友達か彼氏の家にいるのだろう」と思われ、さして気にも留められなかった。


ところが3日後、香さんの友人が家に訪ねてきた。

「3日前から返信がない。スマホの位置情報も止まっている。どうも充電が切れているみたいなんだけど…」

この期に及んでさすがに心配になり、香さんの兄は「妹が消息不明になった。最近、病んでいて、『死にたい』と言っていた。何か心当たりがあれば、知らせてほしい」というLINEを友人らに送った。

香さんの取り巻きが騒然となっている中、香さんの友人から「携帯の充電が復活した。なぜだか分からないけど、位置情報が分かった」と連絡が入り、位置情報アプリのスクリーンショットが送られてきた。

「充電したってことは生きてるんだ。どこかの店にでも入ったんだろう。よかった…」

だが、位置情報アプリが示す香さんの居所は住宅街のド真ん中だった。

「これは友達の家にでもいるんだろう。明日は成人式の前撮りがある日だし、きっと戻ってくるだろう」

香さんの兄は相談を持ちかけた友人にその経緯を話した。位置情報アプリのスクリーンショットを転送したところ、「ちょっと待てよ。これ、竹林じゃないか。様子を見に行ってくる」と言って、友人の一人が捜索に出かけた。

数時間後、その友人から電話がかかってきた。

「落ち着いて聞いてくれ。香ちゃんを見つけた。でも、もう死んでいる。スマホもあったけど、雨で水没していた。今、警察を呼んだところだ」

「何だって？」

慌てて現場に駆け付けると、すでに警察が来ていた。香さんの母親と兄は香さんの亡骸を目にすることもなく、遺体は司法解剖に回され、茶毘に付された。

なぜスマホが動き出したのかは警察も分からなかった。警察は香さんのスマホを解析し、SNSで連絡を取っていた桐島をマーク。付近の防犯カメラから桐島が現場に来ていたことも突き止めた。

そんな中、別の警察本部が桐島を青少年保護育成条例違反容疑で逮捕したのだ。被害者の少女が「殺してもらう約束で会った男にみだらな行為をされた」と訴えたのである。

取り調べを進めるうち、香さんの事件との関連も判明。所轄署は桐島を殺人容疑で再逮捕した。だが、桐島は「殺すつもりはなかった。頼まれたから刺した」と言い張り、検察は「証拠から殺意の認定はできない」として、傷害致死罪で起訴した。

「彼女の悩みが自分の境遇と重なり、強い同情心を抱いた。刺したくない気持ちと彼女の気持ちを叶えたいという、両方の気持ちで葛藤していました」

裁判所は「被害者は死ぬことまで容認していなかった。被告人は重傷を負わせる具体的な方法などを被害者に提示し、凶器を購入させており、主導的に犯行を導いた」と断罪し、懲役4年6カ月を言い渡した。

香さんは死にたくないという意思を持っていたからこそ、人知を超えた力でスマホを復活させたのだろうか。いずれにせよ、自殺志願者にターゲットを絞って、ナンパを繰り返すような鬼畜には甘すぎる判決と言えるだろう。

19歳女性殺害 男逮捕

容疑で千葉県警 SNS接点か

千葉県袖ケ浦市の竹林で5月、同市の美容師見習い、[redacted]さん＝当時(19)＝の遺体が見つかった事件で、千葉県警は21日、[redacted]さんを刺して殺害したとして、殺人の疑いで、横浜市緑区寺山町のアルバイト、[redacted]容疑者(23)を逮捕した。

県警によると、[redacted]容疑者は刺したことは認めているが、殺意は否認している。[redacted]さんとは会員制交流サイト（SNS）を通じて知り合い、事件の日に初めて会ったとみられ、県警が詳しい経緯を調べている。

逮捕容疑は5月7日ごろ、袖ケ浦市蔵波の竹林で、刃物で[redacted]さんの体を刺すなどして殺害したとしている。県警によると、現場付近の防犯カメラに同日、[redacted]容疑者に似た人物が写っていたという。また捜査関係者によると、同容疑者の自宅から血の付いた刃物が見つかった。県警が分析を進めている。

[redacted]さんは同日朝、自宅にいる姿を家族が見掛けて以降、行方が分からなくなった。家族や知人が携帯電話の位置サービスなどを基に捜し、同月12日、自宅から数百㍍離れた竹林で遺体を発見した。司法解剖の結果、死因は出血性ショックの疑いだった。

「産経新聞」2021年6月22日付

2006年4月　愛知県豊明市

ドッペルゲンガーの犯行としか思えないレイプ事件

安藤君枝さん（17）は男性経験もない女子高生だった。クラブ活動を終えて、帰宅途中、バスから降りて600メートルほど離れた自宅に戻る際におぞましい事件は起きた。

バス停付近から付いてきたニット帽をかぶった男に「静かにしろ。殺すぞ！」とはさみを背中に突きつけられたのだ。

「お前、大声を出したら刺すぞ。そこの廃屋に入れ。オレの言う通りにするんだ」

男は君枝さんを誘導し、廃屋に着くと、抱きついて体中をまさぐり始めた。

「やめてください…」

「お前、ここまで来たら、何されるか分かるやろ。自分で服を脱ぐのがいいか、はさみで切り刻まれるのがいいか。どっちか選べ！」

男は躊躇している君枝さんのセーラー服をたくし上げ、ブラジャーをせり上げると、乳房を激しく吸い始めた。さらに片手をパンティーの中に滑り込ませ、君枝さんのヴァギナを触りまくった。

「お前、男を知ってるのか？」

「……いえ、知りません」

「じゃあ、オレが教えてやるからよ。舐めてみろ」

男はジッパーからペニスを取り出し、君枝さんの口内に押し込んだ。頭をつかんで激しく腰を前後に動かし、君枝さんがえずくと、「舐めるのがそんなにイヤなら、下の口でやってもらうぞ！」と言って、その場に押し倒し、パンティーだけ脱がして、すばやくペニスを挿入した。

「オレはな、女子高生しか興奮できねえんだ。高校時代は勉強ばっかりで、彼女ができなかった。だから今、こうして夢を叶えてるんだ」

身勝手な理屈を口にし、挿入して2分も経たないうちに絶頂を迎えた男は、土の上に精液を発射した。その上から靴で踏みにじり、〝証拠〟を隠滅した上、再び君枝さんの膣内にペニスを挿入し、2度目の射精は「口を開けろ」と言って、君枝さんに飲み込ませた。君枝さんの膣からは鮮血が滴っていた。

「こんな場所で処女膜を破ったんだ。細菌が入るぞ。帰ったら、すぐ風呂に入れ。でも、オレは性病じゃないから安心しろ」

こう言い残して男は去ったが、君枝さんは今、起きた出来事自体が信じられず、ずっとその場で泣き崩れていた。

フラフラと立ち上がり、わずか100メートル先の自宅に戻ると、そのことを家族に知られるのがイヤで、自分で風呂を沸かし、体に残った犯人の体液を洗い流した。

「何があったの？」

その夜、君枝さんの異変に気付いたのは双子の妹だった。「絶対にパパやママに言わないで」と泣きながら打ち明けたが、「それは絶対に許せない！」と妹は憤慨。

「私もバス停から帰る途中にニット帽の男にお尻をなでられたことがあるのよ。その男に違いないわ！」

妹に説得され、家族に被害を打ち明けた君枝さんは、その足で警察に被害を申告。妹や警察の話からも、その付近でニット帽の男による痴漢被害が多発していることを知らされた。

「お風呂に入ってしまったんですか。だけど、犯人の残留精液が膣内に残っているかもしれません」

君枝さんは病院で脱脂綿を膣内に挿入され、オリモノすべてを採取されるという屈辱的な診療を受けた。警察の捜査で、現場に残っていた廃材から、犯人の精液らしきものが検出された。これが君枝さんの膣内に残されていた精子のＤＮＡと一致した。管轄署は強姦事件とみて捜査を開始した。

その２週間後、警戒中のバス停付近で、降りてくる女子高生を付け回すなど、不審な行動をしている男を捜査員が発見し、声をかけた。

「すみません、ちょっとお話を聞かせてもらえますか？」

「何の用だよ。これは任意だろ、それなら断る！」

男はプイッと横を向いて、帰って行ったが、捜査員は尾行。自宅を突き止め、その途中でタバコの吸殻を投げ捨てたのを見逃さなかった。

吸殻から検出された唾液のＤＮＡ鑑定は、君枝さんの膣内から検出された精液のＤＮＡと一致した。翌朝一番で男の逮捕状を取り、強姦容疑で逮捕した。これで事件は解決したかに見えた。

ところが、男には完璧なアリバイがあったのだ。男は近所の学習塾に勤める藤川康夫（24）だった。

犯行があった時間帯には学習塾にいて、そのときの服装も君枝さんを襲った犯人とはまるで違っていた。

それは複数の教職員や子供たちが確認していた。現場から塾まで直線距離で1キロ近く。多くの信号を隔てた幹線道路沿いにあり、夜間の交通事情を考えれば、移動するだけでも10分近くかかりそうな場所だった。

「オレはやっていない。その日は塾で授業をしていた。精液が一致したなんて、捜査機関のデッチあげだ！」

君枝さんによる面通しが行われたが、「よく似ているが、自信がない…」という答えだった。

「お前がやったに決まっているだろう。どうやってやったんだ。素直に吐け。今日は帰れんぞ！」

「やってない。弁護士を呼んでくれ。それまでオレは一切しゃべらないぞ！」

藤川は否認を続け、弁護士に「タバコの火を押し付けられるなど、暴力で犯行を認めるよう迫られている」と訴えた。あげくに「捜査機関が自分の交際相手宅のゴミ捨て場から精液が付着したティッシュを押収して、捜査記録とすり替えた」という主張まで繰り広げた。


それにしても不思議なのはまるで瞬間移動したかのような犯行時刻の壁である。もし可能だとしたら、ドッペルゲンガー（自分にそっくりな姿をした分身）が別々に行動したのだろうか。

「そんなバカな話はない。これは生身の人間がやった犯行だ」

捜査側は徹底的にアリバイ崩しにかかった。バスの運行記録から、君枝さんがバスを降りたのは午後7時34分40秒頃と考えられた。そこから約427メートル歩き、犯人の男に襲われたのは6分30秒後の午後7時41分頃と推認された。君枝さんは「あまりに長く感じられ、何分ぐらい犯されたのか、記憶にない…」と供述したが、犯行時間が10分だったとすると、藤川が約383メートル離れた自宅に戻るまで約2分。さらに着替えて約629メートル離れた学習塾まで車で行ったとすると、約1分20秒で到着できることが計測できた。

もちろん、こんな推測を弁護側は容認しない。

「荒唐無稽。2度も被害者を強姦しておきながら、10分で済み、自宅に戻ってすぐ出たとしても、スーツに着替える時間などが完全に抜けている。捜査機関が言っていることは、犯行時刻のつじつま合わせで算出した時間の計測に過ぎない」

犯罪の立証責任は、あくまで検察側にある。藤川は間違いなく、午後8時には塾にいて、子供たち相手に授業をしていたという事実があった。理屈で可能だとしても、それを裏付ける事実は何もない。

女子高生を脅して連行し、2度も強姦した犯人が、たった10分で犯行を終えることができたのだろうか。それも仕事の直前に犯行に及び、そんな慌しいマネをしなければならなかった理由は何か。藤川が日頃から、稀に見る評判のいい講師だったことも、情状面でプラスに働いた。

公判が始まると、検察側は「一度は取り調べ段階で自供した」と主張したが、調書自体の任意性が争われることとなり、藤川は「捜査員に胸ぐらをつかまれて怒鳴られ、『認めれば出してやる』と言われ、仕方なく調書にサインした」という主張を展開した。

検察側は事件の1年4カ月後に「被害者のスカートからも精液が検出された」という〝新証拠〟も提出したが、それはクリーニング済みのもので、弁護側は「そんなものから検出されるはずがない」と否認した。

取り調べた警察官、被害者、学習塾関係者、DNA鑑定を行った専門家、あらゆる関係者が法廷に呼ばれ、2年後に裁判所が下した判決は懲役4年の実刑。「捜査機関による捏造の可能性」を否定した上で、犯行を次のように認定した。

「被害者と被告人は面識がなく、精液が付着する機会は強姦現場以外に考えられない。スカートに付着した精液も、被告人のものと認められる。ドライクリーニングの場合、たんぱく質は落ちにくいと認められる。被告人が犯行を終えたのは午後7時51分頃と推認され、駆け足で自宅に戻り、車で移動すれば勤務先まで行くことは可能。犯行当日、5分ほど遅れたという学習塾関係者の証言もある。アリバイが成立しているとは言えない」

藤川は法廷で天を仰ぎ、あとは頭を抱えて判決を聞き入った。判決を不服として控訴したが、同じ人間が同時に別々の行動を取れるわけがない。「精液が付着する機会は強姦現場以外に考えられない」というのは真実だろう。

妻の親友を寝盗った除霊男の鬼畜口上

2012年3月 大阪市中央区

加藤弘忍(24)は2年前にスナックホステスのサユリ(25)と知り合い、早々と同棲にこぎつけた。その決め手になったのは「自分には霊能力がある」という話を信じさせたことだった。

昔から肩こりに悩んでいたサユリは、加藤に「悪い霊がついているからだ」と指摘され、半信半疑で〝除霊〟を受けたところ、スッと肩が軽くなったような気がしたのだ。

「オレは寺の息子なんだ。幼い頃に父が死んだので、跡は継がなかったが、自分にはこういう特殊な能力が身に付いているんだ」

そんな話を信じたサユリは結婚の約束をすることになり、一番の親友である元同僚のマドカさん(25)を紹介した。マドカさんは見るからに肉感的な女性だった。加藤はマドカさんを一目見て気に入り、しょっちゅう3人で行動するようになった。

ある日、3人で居酒屋に行った際、サユリの常連客と鉢合わせした。サユリが加藤と付き合っていることは内緒だったので、「友達のカップルと一緒にきた」と言ってごまかした。

マドカさんはサユリに合わせて加藤とカップルを装い、胸を触らせるなどしてイチャイチャしていた。

マドカさんの肉感的なボディーに触れ、加藤はますます「いい女だなァ…」という思いを強くした。

「ずっと気になっていたんだけど、マドカちゃんの背後に江戸時代の遊女の霊が見えるんだ。彼女、男女関係が乱れてないか?」

サユリにこんな話を持ちかけたところ、その話を伝え聞いたマドカさんは、「そう言えば、部屋でもラップ音がするのよ」などと反応した。

「私に特定の彼氏ができないのはそのためかしら?」

「彼に一度、見てもらった方がいいわ。私も彼に見てもらって、肩の痛みがすっかりなくなったのよ」

加藤はマドカさんにも〝除霊〟することになり、サユリの立ち会いの下、マドカさんは下着姿になり、背中や肩を撫でられた。

「ありがとう。何だか体が軽くなったし、スッキリしたわ」

「いや、この霊はかなり強い霊だから、ある程度継続した方がいいよ」

その後もマドカさんは加藤の〝除霊〟を受け続けた。ちょうどその頃、サユリの妊娠が判明した。すると、加藤は「お腹の子が狙われるかもしれない」と言って、サユリを部屋から追い出し、マドカさんと2人きりで〝除霊〟するようになった。

「絶対に終わるまで、部屋に入っちゃいかんぞ!」

サユリのいない密室で、マドカさんはブラジャーをまくり上げられたり、胸をわしづかみにされたり、パンティーの中に指を入れられるという〝被害〟に遭った。

「これも除霊なの?」

「除霊に決まっているでしょう」

マドカさんはサユリを気遣い、大声を出さなかったため、加藤はますます図に乗るようになった。

「あの女とヤリたいなぁ…」

加藤はマドカさんが泊まりで遊びに来ると、サユリが寝ている間に布団に潜り込んできて、マドカさんにセックスを迫るようになった。

「頼む、ヤラせてくれ」

「ちょっと…、サユリが起きたらどうするのよ！」

小声で話すマドカさんの様子を見て、「これなら脈がある」と思い込んだ加藤は、〝除霊〟にかこつけてマドカさんを強姦する計画を練り始めた。

事件当日、マドカさんが家に遊びに来ていることを聞いた加藤は、〈霊的なことで少し心配なことがあるから、オレが帰るまで待っていてくれ〉とメール。仕事から帰ると、いつものようにサユリを部屋から追い出し、マドカさんと2人きりで〝除霊〟を始めた。マドカさんの服を脱がせると、こっそり携帯で動画を撮影。ムラムラしたところで押し倒した。

「何するのよ！」

「今まで除霊してやっただろ。1回だけでいい。ヤラせてくれ！」

「ちょっと…、サユリがいるのに何言ってるのよ！」

マドカさんは必死で抵抗しようとしたが、「オレは女でも殴ることをサユリから聞いているだろう！」などと脅され、困惑した。

仮にも相手は親友の婚約者である。もうすぐ子どもも生まれるのに、彼女の幸せを壊したくない。だからと言って、セックスに応じなければならない理由はない。

戸惑うマドカさんのパンティーを強引に引き下げ、加藤は正常位で交わってきた。

「声を出すなよ、サユリに知られたらお互いに最後だからな!」

加藤は念願だったマドカさんの蜜壺を味わった。あまりの興奮でアッと言う間に射精した。マドカさんは屈辱で涙を流していた。

「サユリー、もういいぞ」

2人は服を着て、何気なくやり過ごした。サユリはマドカさんが泣いているのに気付き、「どうしたの?」と声をかけたが、「ううん…」と答えただけだった。

「私、今日は用事があるから帰るね…」

それっきり、マドカさんとの連絡は途絶えた。サユリは不審に思い、加藤の携帯をチェックしたところ、〈こないだのこと、サユリには言わないように〉というメールをマドカさんに送っているのを見つけた。

〈最近、弘忍に何かされた?〉

サユリはマドカさんにこんなメールを送ったが、〈今後はもう頼りたくない。ずっと3人で仲良くできるとは限らないよね〉という意味深なメールが返ってきた。その意味を加藤にも尋ねたが、もちろん加藤は何も答えなかった。

その後、サユリは体調の異変に気付いた。それは妊婦特有のものであったが、以前にマドカさんから聞いた性病の症状にも似ている気がして、〈私は弘忍としかエッチしてないんだけど、何か心当たりある？〉というメールを何気なく送ったところ、早合点したマドカさんは「実は彼と関係を持った」と泣きながら電話してきた。

「無理やりされた…。本当はサユリも気付いていたんじゃないの？」

サユリは絶句。直ちに加藤に電話したところ、加藤は何も言わずに電話を切った。サユリはマドカさんにも加藤にも怒りを持った。

一方、加藤はマドカさんを逆恨みして、こんなメールを送り付けた。

〈出張から戻り次第、気が済むまで犯すからな。このメールを無視するならすればいいが、隠し撮りしたことだけは教えといてやる。この写真をバラまくぞ。仲間を連れて行って、集団でマワしてやるからな！〉

マドカさんは震え上がり、父親に相談した。「友達の家庭を壊してしまうかもしれない…」と怯えるマドカさんに対し、父親は「それどころじゃないだろう！」と警察署に連れて行った。

まず、加藤はマドカさんに対する脅迫容疑で逮捕された。すると、サユリは「被害者は私だ！」と激怒し、マドカさんにこんなメールを送り付けた。

〈アンタは私の人生をメチャクチャにする気か。親友とか言っといて、子どもが生まれることも分かってるのに、こんな仕打ちをするのか。いっぺん死ね！〉

その後、加藤は強姦容疑でも再逮捕されたが、「マドカさんに誘われた」と言い張り、獄中でサユリと入籍することで仲直りした。三つ巴の論争は法廷でも続き、加藤とサユリは被害者然として、マドカさんを罵った。

「セックスしたのは事実だが、合意の上だった。彼女に『いいよ』と言われてやった。除霊の最中に欲情してしまい、思わず応じてしまっただけ。私に霊能力があるのは本当です」

事件の発覚で、加藤が寺の息子ではなく、少年時代にも同様の手口で強姦致傷事件を起こしていたことがサユリにバレてしまった。

それでもサユリは「夫は本物の霊能力者」と信じており、加藤を「唯一無二の存在」としているが、親友を強姦するような男と今後も夫婦としてやっていけるのだろうか。

連続レイプ魔が抱える不審死事件の底知れぬ闇

2014年5月　新潟県新発田市

比嘉大悟（31）は中学時代まで野球部のエースとして活躍し、高校はプロ野球選手も輩出する強豪校に進学したが、半年で挫折。高1秋に中退すると、素行が悪くなり、もともとDV気味だった父親の暴力もますますひどくなり、縁もゆかりもない地方に家出した。

そこで窃盗を繰り返し、少年院に送られた。19歳で退院してからはガソリンスタンド店員やピンサロの呼び込みをしていたが、ピンサロ時代に居候先の住人を殺そうとした殺人未遂容疑で逮捕され、懲役3年執行猶予5年の有罪判決を言い渡された。

そこで更生に目覚めればよかったが、比嘉の場合はさらに転落していくことになった。21歳のときには職場の同僚の女性の洗濯物に火をつけるという放火事件を起こし、他にも強姦致傷事件を起こしていたことが発覚して、今度は懲役5年の実刑判決を言い渡された。当然ながら、前回の事件の執行猶予は取り消され、比嘉は合計8年も服役することになった。

塀の中でヤクザの幹部と知り合い、「自動車関係の仕事を紹介してやる」と持ちかけられ、出所後は遠く離れた北国に行くことになった。だが、そこで待っていた仕事はデリヘルの運転手だった。他に仕事がない比嘉はその仕事を請け負うことにしたが、その店に在籍していた同郷のミユキと親しくなった。

ミユキは多額の借金を抱え、ヤクザに売られてきた女だった。比嘉とミユキはお互いの境遇などを話し合ううちに意気投合。2人で逃げ出す計画を練った。

2人はレンタカーを借り、500キロ以上も離れた地方都市に転居した。そこで知り合った手配師の紹介で、300キロ離れた別の地方都市で比嘉は電気工事士として働き始めた。ミユキも家計を助けるため、地元のデリヘルで働き始めた。そして、2人は結婚。ささやかな幸せをつかんだはずだった。


ところが、それでも比嘉の犯罪傾向は収まらなかった。

ミユキと結婚してから2週間後、比嘉は立て続けに強姦事件を起こした。それは同じ現場で2日連続で起こしたものだった。

第1事件の被害者である小池陽子さん（35）は買い物を終えて、ショッピングモールの駐車場から車を出そうとしていたところ、いきなり見知らぬ男が助手席から乗り込んできた。

「給油所へ行け。テレビを見たか。オレはこれから北朝鮮へ逃げる」

男は包丁を突き付けて脅し、人気のない雑木林の近くに連れて行かれた。

「服を脱げ、死にたいか！」

陽子さんが言う通りにすると、シートを倒され、股を広げられ、正常位で挿入された。「ジャパニーズレディ、SEX上手」などと言って、外国人を装った。途中で「アナルに入れていいか？」と聞いてきたので、「そんなことをするなら殺して」と言うと、さらに腰を振り、「中で出しちゃった…」とつぶやいた。

「オレは北朝鮮に帰れば死刑だ。このまま逃げる。これで自殺するから」

男は包丁を持って逃走。陽子さんは友人に電話をかけた。友人の説得で警察に届け、股間をぬぐったティッシュを提出した。

翌日の事件も判で押したように同じような事件だった。第2事件の被害者である戸谷理恵さん（19）も同じショッピングモールの駐車場から車を出そうとしていたところ、後部座席に男が乗り込んできた。男は工業用のカッターナイフを突き付け、「助手席へ行け。死にたいか」などと脅迫。陽子さんを強姦した雑木林と同じ現場に連れ込んだ。

「I don't kill you. You'll go back home. but,I want SEX（殺しはしない。家に帰してやる。でも、オレはセックスがしたい）」

「イヤーッ！」

理恵さんはとっさにウソをつき、「私がセックスしたくないのは病気を持っているからで、あなたにうつしてしまうとマズイから。だから、私は彼氏も作らない」などと言い訳した。

「分かった。それならアナルでいい。服を脱げ。パンティーもだ。早くしろ」

「ええーっ…」

「だから、アナルでやるって言ってるだろ！」

理恵さんは強制的に後部座席でアナルセックスさせられた。男は「気持ちイイー」と言いながら、最後は外で射精した。

「あなたはいい人だ。オレは悪い人。ジャパニーズ切腹。これからオレは港で自殺する。あなたは優しい人だから神様が見ているよ。港はどっちにある？」

理恵さんが「あっち」と答えると、男は去って行った。理恵さんは再びショッピングモールに戻り、警備員に助けを求めた。

警備員の通報で警察が駆けつけ、2つの事件の犯人の精液を調べたところ、DNA鑑定が一致することが分かった。

このDNA型をもとに、警察がDNA鑑定のデータベースで調べ、約10年前に発生し、未解決事件になっていた女子高生強姦致傷事件に行き着いた。

この事件では別の強姦致傷事件で服役していた比嘉が重要参考人として浮上していたが、当時のDNA鑑定では完全に一致するという結果が得られず、すでに時効になっていた。

だが、今回の2人の女性を襲った犯人のDNA鑑定とは完全に一致していた。警察は比嘉の所在を捜していたが、思わぬことから比嘉の所在が判明することになった。

何と、運転免許証の住所変更の書き換えのため、比嘉が警察署を訪れたのだ。警察は千載一遇のチャンスとばかりに、一連の事件の容疑者として行動確認を開始。比嘉がコンビニのゴミ箱に捨てたペットボトルを回収したり、飲食店で使った割りばしやジョッキグラス、タバコの吸殻などを回収して、DNA鑑定で確認。その結果、陽子さんや理恵さんを襲った犯人のDNAと一致し、2人に対する強姦容疑などで逮捕した。

その後、余罪を調べていたところ、もっと恐ろしい事実が判明した。地元署管内では、ここ1年以内に3件の若い女性の不審死事件が相次いでおり、そのいずれの現場からも比嘉と一致するDNAが検出されたのだ。これらの件で比嘉を追及すると、「身に覚えがない」と関与を否定し、それからは黙秘に転じた。

警察は陽子さんや理恵さんの事件とは別に、帰宅途中の女性（29）がコインパーキングで車に乗り込んだところ、後部座席に男が押し入り、「言うこと聞かなきゃ殺すけなぁ」と脅し、首を絞めてわいせつ行為をしようとしたが、被害者の抵抗に遭って未遂に終わったという事件を立件し、3度目の逮捕にこぎつけた。

その事件に対する裁判所での勾留質問中、比嘉は突然、窓から逃げ出し、約390メートル離れた新聞販売店内で取り押さえられたが、「うわー、殺してくれー、殺してくれー」と泣き叫ぶという騒ぎを起こした。

検察は3件の連続不審死事件のうち、陽子さんや理恵さんが強姦された現場の近くで遺体が発見され、被害者のパンティーの股間部分から比嘉のDNAが検出された上、履いていたタイツにも比嘉の車のシートと同じ繊維が付着していたという物証がある富田愛さん（22）の事件を立件し、強姦致死罪で追起訴した。

比嘉は強姦事件については認めたが、強姦致死事件については「私は関係していないし、私が知っていることは何もありません」と主張。弁護人も「科捜研のDNA鑑定は16点ある確認点のうち、14点しか一致していない。被告人を犯人とするには合理的な疑問が残る」と反論したが、科捜研の担当者は「たとえ14点でも、一致するのは8716億人に1人。DNAは被告人のもので間違いない」とバッサリ斬って捨てた。

裁判所は「被告人が女性を死亡させた犯人だと推認できる」と比嘉の主張を退けた上で、「別の強姦致傷等で8年も服役しながら、出所後、短期間に不特定多数の女性を無差別に襲った。犯罪傾向は極めて根深く、非常に長期間の矯正教育が必要だ」と断罪し、求刑通り無期懲役を言い渡した。

比嘉はこの判決が確定し、妻とも離婚して刑務所に服役したが、これで終わりではなかった。

6年後、もう1人の不審死事件の被害者である安達紗奈さん（20）の事件についても、比嘉が関与した疑いが強まったとして、殺人容疑で逮捕された。

紗奈さんは出勤途中に突如行方不明になり、約3カ月後に車が乗り捨てられていた現場近くの小川で一部白骨化した状態で見つかった。

当時、現場付近からタクシー会社に配車手続きの電話があり、送迎した運転手は当時の比嘉の自宅近くで降ろしたと証言した。

「セキモトと名乗る細身でグレーのつなぎを着た男性を街中のコンビニまで乗せた。あの近辺で人を乗せることは滅多にないので、印象に残っている」

そのコンビニの近くには当時の比嘉の自宅アパートがあった。タクシー運転手の証言した乗客の服装は、比嘉の同僚が証言した事件当日の服装と一致した。

また、被害者の車のハンドルからは被害者と比嘉の混合ＤＮＡ型が検出された。このことを追及された比嘉は「なぜ自分のものが出たのか分からない」と答え、遺族の訴えについては「気持ちは分かるが、犯人は自分ではないので申し上げることは何もありません」と答えた。

だが、裁判所は「女性の車から検出された混合DNAは被告人と女性のDNAが混合したと考えて矛盾はない。本件は女性をわいせつ目的で略取して、被害を与えた女性を殺害までしている。殺人の点についても動機や犯行自体は不明なものの、被害者の落ち度はまったくない中での犯行であり、酌量の余地はない」と断罪し、再び無期懲役を言い渡した。

無期懲役の刑期を終えた後に、また無期懲役の刑期が始まるわけで、もう比嘉がシャバに出てくることはないだろう。

残りの1人の女性についても、立件される可能性が残っている。

比嘉の自宅近くのアパート駐車場で、車4台が燃える火災が発生した。そのうちの1台の軽自動車から24歳の女性の遺体が発見された。

遺体の肺や気道などにすすを吸い込んだ形跡はなく、現場には油をまかれた跡があることなどから、女性の死後に放火された疑いが強いことが判明。この事件では、微物採取など

女性殺害 無期懲役

新潟地裁判決 別の事件の確定囚

新潟県新発田市で二〇一四年、女性会社員＝当時(二〇)＝の車に乗り込み、わいせつ行為をした上で殺害したとして、殺人や強制わいせつ致傷などの罪に問われた[redacted]被告(三九)の裁判員裁判で、新潟地裁は十八日、無期懲役（求刑死刑）の判決を言い渡した。佐藤英彦裁判長は「死刑になった同種事案と比べて悪質性が突出しているとは言えない」と述べた。[redacted]被告は別の女性への強姦《ごうかん》致死罪などで無期懲役が確定。服役中の二〇年二月、逮捕されていた。

弁護側は自殺か事故で女性が死亡した可能性があると主張したが、佐藤裁判長は判決理由で、被告と面識がない女性の車のハンドルから被告と女性の混合DNA型が検出されたほか、遺体発見現場付近で被告に似た人物を目撃したとする証言も信用性が高いと指摘。「被告が犯人であることは間違いないと認められる」と結論付けた。その上で、判決が確定した強姦致死事件などに触れ、女性を襲う性犯罪を繰り返しており「常習性があり反省も見られない。結果は誠に重大だ」と非難した。

一方で「わいせつ目的の殺人で被害者が一人の場合、多くの判決で無期懲役としている」と述べ、被害者が一人で死刑判決を言い渡された事件と比較しても悪質性が突出していると言えず「同列にできない」として死刑を回避した。

判決によると、被告は一四年一月、新発田市内で女性の車に乗り込み、わいせつな行為をしてけがを負わせ、何らかの方法で殺害した。

「中日新聞」2022年11月19日付

の捜査でＤＮＡが検出されたが、鑑定可能な範囲の微物の中に比嘉のＤＮＡ型と一致するものが見つかったのだ。

３人の不審死事件の現場は、いずれも比嘉の自宅があった場所から10キロ以内に集中している。ここまで偶然が重なることがあるのだろうか。

もし３人同時に起訴されていたら、間違いなく死刑だっただろう。被害者の女性の魂が犯人を追い詰め、事件が完全解決することを願うばかりである。

第4章

謎の事件

2011年4月　神奈川県厚木市

完全黙秘したコールドケースの快楽殺人鬼

その事件は「怪談」のような始まり方だった。事件現場の近所に住む女性が深夜に車で帰宅途中、ヘッドライトに照らされた女性の足のようなものを見た。

「キャーッ!」

路地から市道に足だけが投げ出され、上半身はよく見えない。女性は恐怖のあまり、車から降りて確認する勇気が持てず、元来た道をバックして戻り、自宅に帰った後、110番通報した。

「見間違えかもしれませんが、道路に足のようなものが転がっていました…」

警察が現場に駆け付けたところ、右足の靴下以外は全裸の女性が死んでいるのが見つかった。近くには衣類などが散乱していたが、財布や携帯電話は見つからなかった。

その後、捜査を進めるほどに奇妙なことが分かった。まず、現場の目の前が被害者の自宅だったことだ。

被害者は焼肉店パート従業員の青木怜子さん（48）と分かった。30代で離婚後、女手一つで3人の子どもを育てていたが、とても年齢通りには見えない美熟女だった。

すでに成人していた怜子さんの長男は、警察の聞き込み捜査で事件を知ったという有様で、事情聴取に対し、次のように話した。

「事件当日は午後11時過ぎに仕事を終えた母から『バスに間に合いそうにないから、迎えに来て欲しい』と自宅に電話がありました。いつものように車で迎えに行こうと思いましたが、たまたまガソリンが切れていた。そのことを母に伝えると、『じゃあ、歩いて帰るよ。大丈夫だから』と言いました。これまでも歩いて帰ることはありましたから、それほど心配していなかったのですが…」

それが怜子さんの最後の消息となった。職場から自宅までの距離は1200mほど。普通に歩けば、20分ほどの距離だ。怜子さんはこの間に何者かに暴行され、無残な死を遂げたのだ。

司法解剖の結果、さらに不可解なことが分かった。怜子さんはレイプされた上、首を絞めて殺され、腎臓や肝臓が破裂するほどの大ケガを負っていたことが判明した。顔面にも殴られた跡があり、鼻の骨を骨折し、左の肋骨は4本、右の肋骨は11本も骨折していた。

だが、これだけ凄まじい暴力を受けながら、現場周辺の住民たちは誰も怜子さんの叫び声や車の音などを聞いた者がいなかった。

「怜子さんは別の場所で殺され、自宅前の路上まで運ばれてきて、衣類などと共に遺棄されたのではないか。そうなると、自宅を知っている顔見知りの犯行の可能性が高い」

警察は怜子さんの交友関係を中心に捜査を開始したが、怜子さんは子ども中心の生活を送っていて、浮いた話は何一つ浮かび上がってこなかった。職場での評判も上々だった。

ところが、事件はそれで終わりではなかった。現場からなくなっていた怜子さんの携帯電話から、家族や職場の同僚に無言電話がかかるようになったのだ。出ると、1〜2秒で切れてしまう。それが約1

カ月も続いた。まるで関係者をあざ笑うかのような嫌がらせ。そんな中で、怜子さんの長女がふと思い出したこともあった。

「そう言えば、事件前、台所の窓を開けて家の中を覗き込んでいる不審な男を見たことがあると母が言っていました」

現場周辺では露出狂、痴漢、女児連れ去り未遂事件などが多発していたことも分かり、事件の2カ月後には怜子さんの職場近くの路上で女性が連れ去られ、トラックの荷台でレイプされるという事件も発生した。

これらと何かつながりがあるのか。実は捜査当局はこれらの情報をひそかに重大視していたのだ。というのも、犯人と警察しか知らない「秘密の暴露」の切り札にするため、報道陣には決して明かしていない捜査機密があったからだ。

怜子さんの首には当時怜子さんが履いていたパンティーが巻きつけられ、喉仏が骨折するほど強い力で絞め上げられていた。また、膣の中からは怜子さんの左足の靴下が見つかり、その靴下にも犯人とみられる男の精液が付着していた。

このような異常な遺体の状況から、犯人はサディスティックな快楽殺人鬼の仕業とみられていた。性欲と暴力が直結しているタイプで、いつ第2の犯行があってもおかしくない状況だったのだ。だが、前科前歴者リストの中にはこのDNA型の持ち主が見当たらなかったのである。

その後、怜子さん事件は有名なコールドケース（長期未解決事件）となり、あるテレビ番組はイギリスから超能力探偵を招き、怜子さん事件の犯人を〝霊視〟したこともあった。
「怜子さんは歩いて帰ろうとしたが、犯人の車に乗った。自宅近くで車を降りた怜子さんを後ろの荷台に連れ込もうとして、抵抗されたので首を絞め、のどを潰した。暴行された後、車から自宅に向けて逃げ出した怜子さんを追いかけ、最後の一撃を見舞った。犯人は怜子さん宅と職場を中心として、半径1・6キロ以内に住んでいた30～40代の男。現在は転居している。職場の焼肉店で、怜子さんとは顔見知りだった」

それを機に多数の情報が寄せられたが、それでも犯人は捕まらなかった。

ようやく状況が動いたのは、7年後に電気設備業をしている川本俊幸（32）という男が別件で逮捕されたことだった。警察は川本から口腔内細胞の提出を受け、そのDNA型が怜子さんの靴下に付着していた精液のDNA型と一致したことで仰天した。

さらに川本の身辺を調べたところ、事件当時、川本は怜子さんの自宅から約500メートル離れたアパートに1人で住んでいたことが判明。しかも、事件の4カ月後には、当時勤務していた派遣会社の契約期間を1年残して、別の都市に転居していたことも分かった。

ちょうどその頃、警察は殺人罪の時効撤廃を受け、コールドケースを専門に担当する特命班を捜査一課に設置。その特命班が管轄署の捜査に加わり、あらためて怜子さんの携帯電話の通信記録を詳細に調べたところ、川本の携帯電話の発信電波と同じ場所から出ていたことが分かった。

警察は「川本以外に事件にかかわった者はいない」とみて、9年越しで川本を殺人容疑で逮捕した。

しかし、川本は「知らない。関係ない」と容疑を否認。捜査当局は状況証拠を積み上げ、川本が帰宅

02年厚木で女性殺害
32歳容疑者逮捕
遺留物のDNA型一致

厚木市の路上で2002年6月、飲食店従業員の女性が自宅前で殺害された事件があり、県警は20日、小田原市中里の電気設備業[redacted]容疑者(32)を殺人容疑で逮捕し、発表した。[redacted]容疑者は「覚えていません」と話しているという。

捜査1課によると、[redacted]容疑者は02年6月25日午前0時ごろ、厚木市下依知の路上で、飲食店従業員の[redacted]さん(当時48)を首を絞めるなどして殺害した疑いが持たれている。[redacted]容疑者は事件当時、現場から約500㍍離れたアパートに住んでいたが、それ以外に2人の接点は確認されていないという。

女性の所持品から携帯電話や財布がなくなっており、携帯電話は事件後も約1カ月間使われていたことが判明。通話履歴などの捜査から[redacted]容疑者が浮かんだ。現場の遺留物

う。

[redacted]容疑者は事件当時、コンビニの棚卸し作業員として勤務。事件後の02年10月に契約期間を1年残して厚木市のアパートを引き払い、小田原市内の現在とは別の場所に転居していた。家電量販店従業員として働いた後、電気設備業を自営していたという。

未解決事件専門
特命班が裏付け

2002年に起きた殺人事件が、9年ぶりに解明に向けて動き出した。この春にできた未解決事件特命班の捜査を受け、県警は容疑者の逮捕に踏み切った。

殺人罪の時効撤廃を受けて県警は今年3月、捜査1課に長期未解決事件を専門に担当する係を設置。厚木市の事件の捜査にも加わっていた。

住んでいたアパートの関係者によると、[redacted]容疑者は入居した時に引っ越しのあいさつに来たが、印象に残らないタイプだったという。一方で、被害者の女性を知る人は「気さくな人」と話す。焼き肉店で働きながら、子供を育てていたという。

捜査は長期化したが、これまでの蓄積に特命班が新たな視点での裏付けを加えたことで、捜査は進展したという。

「朝日新聞」2011年4月21日付

途中の怜子さんを強姦目的で襲い、現場の路上で暴行を加えた上、窒息死させたと断定。川本を殺人罪と強姦致死罪で起訴した。

川本は公判で「私は犯人ではありません。否認します」と言ったきり、押し黙った。弁護側は「被害者の靴下は管理がずさんで、別の男性のDNA型も検出されている」として、無罪を主張した。

検察側は「1人にこうした偶然が重なることは常識的にありえず、犯人であることは明らか」として、無期懲役を求刑。怜子さんの長女は「あんなにひどいことをできるのは人間ではない」と糾弾し、怜子さんの長男は「私が殺すことができないのであれば、国が法律に従って責任を取らせて欲しい」と

極刑を求めた。それでも川本は「申し述べることはない」と黙秘を貫いた。

結局、裁判所は「ＤＮＡ鑑定は十分信用でき、疑う余地がない」と結論付けた上で、「暴行の程度が情け容赦なく、被害者の人格を無視している。単なる殺人や強姦とは異質な犯行と言っても過言ではない」と断罪し、求刑通り無期懲役を言い渡した。

未解決事件がＤＮＡ鑑定によって暴かれるケースは今後も増え続けるだろう。だが、川本には性犯罪の前科すらなかった。こんな男が9年間も一般社会に溶け込んでいたとは恐ろしい限りだ。

タワマンで見つかったあるSM嬢の変死体

2014年7月　大阪市北区

その事件は犯人の沢崎徹（35）の母親から、こんな110番通報があったことから発覚した。

「3日前に息子に会ったとき、『交際相手の女の子を殺した』と聞いた。自首するように勧めたが、その後、連絡が取れなくなった。本当に自首したかどうかを調べてほしい」

警察はそのような事実はまったく把握しておらず、管轄の警察署が確認に動くことに。現場は34階建てのタワーマンション。沢崎は12階の一室で、家賃30万円以上を支払って住んでいた。

そこに被害者の西郁美さん（21）の遺体があった。ベッドの上に布団をかけられた状態で横たわっていたが、なぜかその上には宗教関係の本が置かれていた。

沢崎の行方を追ったところ、別の女性とホテルで宿泊中であることが分かった。任意同行を求めて事情を聴いたところ「首を絞めたが、殺す気はなかった」などと供述した。

「それならなぜすぐに救急車を呼ばなかったのか？」

「そ、それは…」

そこには複雑奇怪な、さまざまな〝事情〟が潜んでいた。

沢崎が郁美さんと知り合ったのは事件の1年半前。当時、郁美さんは卒業目前の短大生で、デパートの紳士服売り場に就職が決まっていた。飲食店で酔客に絡まれていたところを助けてくれたのが沢崎だった。

その場で話をして意気投合。元ホストの沢崎にとって、世間知らずの箱入り娘を口説き落とすなど簡単なことだったようだ。郁美さんは「好きな人ができた」と母親に打ち明け、「その人の家の近くで一人暮らしがしたいの…」とねだった。

「すごい人なのよ。『沢崎徹』という名前で検索してみて。いろんな事業をやってることが分かるから」

母親としては14歳も年上で、高級マンションに住んでいることにも驚き、「そんな派手な人が短大を出たての小娘なんか本気で相手にするはずがない。遊ばれるだけだからやめときなさい」と忠告したが、恋する娘はまったく聞く耳を持たなかった。

「徹さんはそんな人じゃない。ちゃんと働くようになったら、一人暮らししてもいいって言ったよね。今まで我慢してきたんだから、私の好きなようにさせてよ！」

もはや両親は反対できなかった。

現場のタワマン（大阪市北区）

一人暮らしを始めてしばらく経った頃、郁美さんが沢崎とのドライブ帰りに実家に立ち寄ったことがあった。そのときも沢崎は車から降りようとせず、挨拶さえしなかった。

「やっぱり遊ばれてるだけなんじゃないのか…」

それから半年ほどが経ち、郁実さんの実家に社会保険が切れたという通知書が届いた。「どういうことなのか?」と郁美さんに問い合わせると、「ごめん…、心配を掛けると思ったから…」と言って、一人暮らしを始めてから今日までの生活の変化を語った。

「徹さんと付き合い始めたことを知って、元カノの一人が自宅や職場に嫌がらせにやってくるようになった。それが原因で過呼吸になり、救急車で運ばれたこともあった。職場には『自主退職してください』と言われた。でも、まだ実家に帰るのはイヤ。もう少しこっちで頑張りたい。昼は徹さんの会社で事務員として雇ってもらっているし、夜はおにぎり屋でアルバイトしているから、食べるものにも困らない。大丈夫だから、心配しないで」

このウソを見抜けなかった両親を責めるのは酷だろうが、実際の生活はさらに違ったのである。


郁美さんは沢崎と付き合い始めてからドラッグを使ってのセックスを覚え、その資金を稼ぐためにSMクラブで働くようになった。

さらに郁美さんは危険ドラッグや覚醒剤にも手を出した。すべてはセックスで強い快感を求めるためである。

もう完全に自分が暴走していることは、郁美さん自身も分かっていた。だからこそ、〈郁美ちゃんほどいい子はいない〉というメールばかり送ってくる親には何も言えなかったのである。

事件当日未明、沢崎と郁美さんはレンタルビデオ店にAVを借りに行き、沢崎のマンションに戻った。いつものように薬物セックスにふけって、夕方まで惰眠をむさぼっていたところ、郁美さんが突然近付いてきて、「こんな表現しかできんでごめんね」と言いながら沢崎の指を噛んだ。

「いててて…、やめろっ、何するんだっ！」

必死で引き抜こうとしたが、指がちぎれそうになっても放さない。沢崎はブラジリアン柔術の絞め技を使って、郁美さんを失神させようとした。

しばらくするとおとなしくなったが、手を緩めた途端、また暴れ出した。沢崎は再び首の頸動脈を絞めたが、今度は崩れ落ちるようにして動かなくなった。

「おい、どうした？」

胸に耳を当てると、心臓が動いていない。呼吸もしていない。うろたえてビンタしたり、人工呼吸を試みたが、それでも郁美さんは目を覚まさなかった。

「どうしよう…。このまま救急車を呼べば自分が殺したことにされてしまう。警察を呼ばれたらクスリを使っていることもバレてしまう。ヤバイ…、どうしたらいいんだ…？」

沢崎はこれまで自分が築き上げてきたものがガラガラと音を立てて崩れ落ちる恐怖を感じた。家にいるのが怖くなり、元カノの一人に電話した。

「会いたいんだ。今夜一緒にいてくれないか？」

「いったい、どうしたの？」

「とにかく会いたいんだ！」

「フフフ……、いいわよ」

沢崎は元カノと投宿し、懲りもせずにセックスにふけった。さらに別の元カノに犯行を告白し、自宅に招いて遺体の上に宗教の本を置くという "儀式" を行った。自分の母親にも話し、その後に行方をくらました。

警察は沢崎を殺人容疑で逮捕した。ところが司法解剖の結果、郁美さんの遺体からは大量の危険ドラッグの成分が見つかった。

中でも多かったのが「合成カンナビロイド」という成分で、これは当時、1年間で112名もの死者を出したという厚生労働省の統計があるほどの悪名高い危険ドラッグだった。

郁美さんの自宅からはこれを主成分とする危険ドラッグが見つかり、仕事で使っていたとみられるSMグッズやボンデージなども見つかった。まさに親の知らない娘の姿である。

沢崎は公判で「危険ドラッグによる突然死だ」と訴え、「郁美さんが突然暴れ出し、それを制圧するためにブラジリアン柔術の絞め技を使った」として、正当防衛を主張した。

だが、一審では「合成カンナビロイドによる中毒症状は出ていたが、死に至るほどではない。未必の故意（犯罪行為による被害を意図していないものの、被害が発生する可能性を認識している状態）が認められ、正当防衛には当たらない」と断罪され、懲役9年を言い渡された。

沢崎は控訴し、二審では〝無罪請負人〟と呼ばれる弁護士が担当になり、徹底的に事件時の状況を調べた結果、「被害者が危険ドラッグを大量摂取したことや、絞め技を受けたことによるストレス反応が

交際女性殺害 逆転無罪

「薬物中毒死の可能性」

大阪高裁

大阪市北区の自宅マンションで2014年7月、交際相手の女性（当時21歳）の首を絞めて殺害したとして殺人罪に問われたアルバイト男性(40)の控訴審判決で、大阪高裁は31日、懲役9年（求刑・懲役18年）とした1審・大阪地裁判決を破棄、逆転無罪を言い渡した。村山浩昭裁判長は「女性は薬物の過剰摂取で中毒死した可能性がある」と述べた。

男性は14年7月12日頃、マンションの自室で、女性の首を絞めて殺害したとして、同年11月に起訴された。

男性は「格闘技の絞め技で暴れる女性を気絶させるつもりだった」と無罪を主張。昨年3月の1審判決は、女性の死因が窒息で、男性は2分間以上首を絞めたとし、「死ぬかもしれないと認識していた」と退けた。

これに対し、村山裁判長は女性の死因を改めて検討。控訴審で証拠採用した医師の意見などから、絞殺の際に顔に現れる著しいうっ血がなかったと指摘。女性が死亡前に薬物を摂取していたことも考慮し、中毒死した可能性に言及した。

「読売新聞」2018年10月31日付

突然死を引き起こした可能性がある」として、無罪判決が言い渡された。首を絞めているときに薬物中毒による突然死が起こった可能性を否定できないというわけだ。

沢崎は釈放され、冤罪事件として同情を集めたが、恐ろしいのは酒もタバコもやらなかった平凡なデパガが2カ月後には風俗嬢となり、薬物セックスに溺れ、それから1年後に死亡してしまったという事実だ。「幸せになるような気がしなかった」という母親の予感は的中したのである。

SMプレイで死んだことにされたキャバクラ嬢

2018年8月　兵庫県加古川市

「人が浮いています…」

土曜日の早朝、ダム湖で釣りをしていた男性から110番通報があった。

管轄署の警察官が駆け付けたところ、プラスチック製の衣装ケースの上ぶたから足が出ている女性の遺体が見つかった。

女性は服を着ていたが、上半身が毛布で包まれ、体を折りたたむような姿勢で、縦の長さが75センチの衣装ケースに詰め込まれていた。

その衣装ケースは段ボールやベニヤ板で梱包され、土のう袋2つがロープでくくり付けられていた。

衣装ケースの中にはピンクの手提げバッグが入っていた。携帯電話や免許証は見当たらなかったが、空の財布の中に病院の診察券が入っていたことから、被害者の身元が判明。現場から約60キロ離れた歓楽街で働くキャバクラ嬢の松下知世さん（20）と分かった。

知世さんの足取りを追ったところ、2日前の未明に男と2人で商店街を歩いていたことが判明した。

商店街の防犯カメラには、焼肉店に入るところやキャバクラ店に入るところが写っていた。

その後、2人はタクシーに乗って、商店街から立ち去った。

警察は知世さんの携帯電話の通信記録を照会し、事件直前まで連絡を取り合っていた堀雄太（20）を浮上させた。

堀は風俗やキャバクラのスカウトマンだが、新しいガールズバーのオープンをもくろんでいた。もともと風俗店で女の子の相談係をしていたが、口がうまく、それが高じてスカウトになったクチだった。

知世さんは店の移籍に関する勧誘を受けていたとみられ、商店街を離れた2人は堀が住むマンションへ移動。だが、それっきり、知世さんが出てくるシーンはマンションの防犯カメラに写っていなかった。

堀は重要参考人として、警察の事情聴取を受け、まずは死体遺棄容疑で逮捕されることになった。周囲の防犯カメラやNシステムの記録などから、堀の当日の行動が明らかになった。堀は車の免許を持っていないので、知人の岩田秀夫（42）にレンタカーの手配を依頼。「女の子をセックス中に殺してしまった」と打ち明けていた。

「もう死んでいるなら、今さら病院へ行っても仕方ない。このままじゃ犯罪者になってしまうので、海か山に捨てた方がいい」

岩田は22歳も年下の堀に頭が上がらないところがあった。かつて無職で転々としていたところを、堀にデリヘルドライバーの仕事を斡旋してもらったという恩義があったからだ。

2人はホームセンターに段ボールやベニヤ板、ロープ、軍手、ガムテープ、土のう袋などを買いに行き、被害者を衣装ケースに入れて、その上から梱包。マンションの非常階段を使い、4階から1階まで人力で運び出した。

2人は車で出発し、岩田の実家近くのダム湖に捨てることに決め、暗くなるまで近くのコンビニの駐車場で待機した。

午後8時、2人は犯行を決行。遺体の入った箱を湖岸に運び、箱の両側を2人で持ち上げ、勢いをつけて水際から投げ捨てた。

続いて箱にロープでくくり付けていた土のう袋を同じように投げ捨てた。

それらは、いずれも岸から2メートル前後という近い場所に沈んだ。

2人は現場から逃走。だが、その一連の行動はすべて防犯カメラなどからバレることになった。

翌日には岩田も逮捕された。岩田は「堀から『捨てたいものがある。グレーなもの』と言われた。遺体とは知らなかった」などと供述した。

一方、堀は犯行を全面的に否認し、弁護士と接見してからは完全黙秘に転じた。

商店街の防犯カメラに写った被害者と加害者（大阪市北区）

現場のマンション入口（大阪市西区）

警察は家族のことから趣味の話題まで、雑談の中から心を開かせる糸口を探ったが、堀はかたくなな態度を崩さなかった。

また、知世さんは歯科衛生士を目指して都心に出てきたが、キャバクラで勤務し始めてからは、恋多き女として有名になった。

堀以外にも交際相手はいっぱいいた。キャバクラだけではなく、風俗でもアルバイトしており、「客の子供を妊娠してしまった」と悩んでいたこともあった。

事件直前まで肉体関係があった男も、当局が確認できただけで3人いた。

そのいずれもが、特定の交際相手にならなかったのは、知世さんがとてつもない寂しがり屋で、1人になると、すぐに知り合いの男に連絡を取って、寝てしまうからだ。

2人でいても、しょっちゅう他の男から連絡が入ってくるし、デートの最中でも他の男に色目を使う始末。3

人の認識は「かわいいし、好きだけど、真剣交際するような相手ではない」という点で一致していた。

堀とも事件の1カ月前に、クラブの前でナンパされて知り合っていた。

事件当日は、知世さんに「会って話がしたい」と誘われ、午前4時に合流。

歓楽街で食事してからキャバクラ店へ。

男女2人の客は珍しく、接客したキャバクラ嬢が覚えていて、事件のニュースを見て、警察の捜査にも協力した。

「2人の関係を聞いたら、知世さんは『私はこの人のチン○を見たことがない』と言っていた。堀とはイチャイチャしておらず、『彼女もキャバクラ嬢だ』と言っていたので、スカウトか何かをしている人じゃないかと思った。それから親指を立てて遊ぶルンルンというゲームをして、負けたらお酒を一気飲みすることになった。私や知世さんは飲んでいたけど、堀は運よく勝ち続けていたので、まったく飲まなかった。知世さんは来たときから少し顔が赤かったので、酔っているのかと思った。堀としては、このまま酔わせて〝お持ち帰り〟をしたいんじゃないかと思った」


だが、ここから先のことは堀にしか分からない。

堀が語った事件の核心部分はこうだ。

「彼女と一緒に自宅マンションに帰ってから、彼女に誘われてセックスすることになった。『手を縛られるのが好き』『首を絞めてほしい』と言われ、そんな行為はやったことがなかったので、手加減していると、『もっと強く絞めてほしい。苦しくなったら声を掛けるから』と言われ、言う通りにした。それで強く首を絞めた。気がついたら、息をしていなかった。それでパニックになり、ストレスとショックで動転し、そこからの記憶がない。どうしていいか分からず、岩田さんに電話した」

その直後には、自分の交際相手に対し、〈○○ちゃん、ごめん。もうオレ、あかんかも〉というLINEを送っていた。

堀は知世さんを殺してから服を着せたと言うが、彼女はパンティーの中で脱糞していた。膣内からは堀の精液は検出されなかった。だが、彼女と肉体関係があった男たちは、誰もが「彼女にSM趣味などなかった」と証言した。

検察側は事件の直前まで肉体関係があったという3人の男たちを証人として出廷させた。そのうちの1人は次のように語った。

「彼女とは知り合いのバーで知り合った。クラブで遊んだとき、終電を逃して、彼女の家に泊めてもらった。風呂に入り、同じ布団で寝ていたから、自然とそういう雰囲気になった。その後、食事に行ったこともあり、彼女とは都合2回セックスした。いずれも前戯して、正常位に流れるというノーマルなものだった。『首を絞めて』なんて言われたこともないし、『手足を縛って』とも言われたことはない。叩いたり、殴ったり、痛めつけてほしいと言われたこともない。彼女のセックスに特殊なところは何もありませんでした」

別の2人の証言も同様で、「彼女とSMプレイの話をしたこともない。興味があると聞いたこともない」と口を揃えた。とにかく知世さんからSMプレイを持ちかけられたと主張しているのは堀だけなのだ。

検察側は「相当強い力で3～5分首を絞めており、殺意があったのは明らか。殺人罪が成立する」と主張したが、弁護側は「SMプレイ中の事故だった。やり方が分からずに死なせてしまった。傷害致死罪にとどまる」と主張した。

その結果、どうなったか。

何と裁判所は弁護側の言い分を認め、「殺意があったと認めるには合理的な疑いが残る。防犯カメラに2人で手をつないでマンションに入る様子が写っており、短期間でトラブルに至るとは考えにくい」として、傷害致死罪を適用し、検察側の求刑20年に対し、懲役7年という軽い判決を言い渡した。

笑顔浮かぶ　優しく友達多かった

松阪出身の[redacted]さん

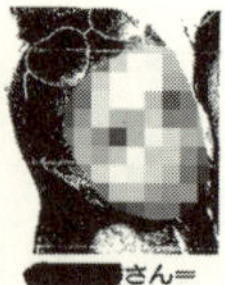

[redacted]さん＝本人のインスタグラムから

[redacted]さんは、友人との付き合いを大切にする社交的な性格だった。事件前は大阪市淀川区で暮らし、日々の出来事や悩みを頻繁にツイッターなどに投稿。知人らは「優しい人」「笑顔が印象的だった」と口をそろえる。

「いつもにこにこしていた。亡くなったと聞いて真っ先に頭に浮かんだのはあの笑顔」。[redacted]さんが高校時代にアルバイトしていた松阪市のラーメン店。六十代の男性店員は丁寧な接客ぶりを覚えている。「いらっしゃいませ」と元気な声が店に響いていた。

津市の高校で同級生だった男性(20)は毎日のように雑談し、休日もゲームセンターなどで遊んだ。「優しくて明るく、友達も多かった」。一緒に花火をしたり、恋愛相談に乗ってあげたり。最後に会ったのは約二年前で、男性は「今でも信じられない」と声を落とす。

[redacted]さんは約一年半前に歯科衛生士を目指して大阪の専門学校に進学。ツイッターには、引っ越した後も地元と大阪を行き来し、友達と交流する様子をつぶやいていた。

「同じような毎日が過ぎてって気づいたら二十代後半とかなんやろな…」。将来に考えを巡らせる投稿もあり、大阪で始めた飲食店での接客業と勉強の両立に悩む様子がうかがえた。飲食店の同僚女性は「お客さんからも人気で頑張っていた」と振り返る。遺体で見つかる数日前も来店客に笑顔を振りまいていた。

◇

松阪市にある[redacted]さんの実家は十八日、人の出入りも少なく、家のカーテンも閉められて静まりかえっていた。午前八時半ごろに家の門から屋内に入っていった四、五十代くらいの女性は「何も分からない。警察に聞いてほしい」と沈痛な面持ちで話した。

[redacted]さんが高校時代に通っていた市内の美容院の二十代の店長は、死体遺棄の疑いで男二人が逮捕されたことに「安心した。良かった」。[redacted]さんの実家の近くに住む女性は「容疑者が捕まってほっとしたが、若いのでやりきれない。なぜ死ななければならなかったのか、解明してほしい」と話した。

[redacted]さんが通っていた中学校で当時から教諭をしている男性は「面識はなかったが、事件を知って心が重くなった。残念で悔しい」と声を落とした。

「中日新聞」2018年8月18日付

共犯の岩田に至っては、「主体的な犯行動機はなかった」として、懲役1年6カ月執行猶予3年という判決を言い渡した。

土のう袋をくくりつけて遺棄するという徹底的な証拠隠滅を図った悪質な犯行にしては、量刑が軽すぎないか。

堀は「殺すつもりはなかった。取り返しのつかないことをしてしまった」と詫びてはいるが、遺族は事件直後に次のような声明を出した。

「娘が事件の被害者であるとの知らせを警察から受けて以来、私たち家族の生活は一変してしまいました。私自身この数日間が現実なのか悪い夢なのか、区別ができないような気持ちでいます。本日ようやく娘の葬儀を無事に終えることができ、少しほっとしておりますが、私たち家族は今、明るく行動的だった娘を想い、深い悲しみの中にあり、未だ心を整理することができておりません」

なぜ裁判所はセックス中の事故だと罪を軽くするのだろうか。これじゃ被害者は殺され損だ。

「多重人格」の誰が彼女を殺したのか

2015年7月 大阪市中央区

法廷で「私には6つの人格がある」と主張し、自分のことを「道徳的でない彼」と呼んだ男がいた。川西訓男(24)は当時の自宅マンションで、交際相手の高津美樹さん(21)を殺害したとして起訴された。弁護側が問題としたのは、事件当時の川西は法廷の証言台に立つ男とは〝別の川西訓男〟だったとしたことだ。

弁護側によると、川西には子ども時代に受けた心的外傷の数と一致する6つの人格が見られる。たとえば法廷に出て、川西が「道徳的でない彼」と呼ぶ人格は、高校時代に不良生徒に絡まれて、身を守るために形成された人格だった。また、犯行時の人格は「恭」だった。これは殺害された美樹さんと交際中に形成された人格とされる。

川西には美樹さんと交際する前に5年間も同棲していた織田康代さん(24)という婚約者がいたが、彼女の前に出ていたのが「にゃーにゃさん」という人格だった。もっとも康代さんは「人格が入れ代わるところなんか一度も見たことがない」と否定しているが…。

川西によると、「道徳的でない彼」と「恭」は記憶の共有ができると言い、法廷では事件の概要を具体的に語った。その説明では「恭」と美樹さんはある音楽グループのファン。曲の詞に感化され、「未来に希望が持てなくなったら、お互いに殺し合おう」という約束をしていた。

だから、別れ話を切り出された「恭」は、この約束に基づいて美樹さんを殺害した。美樹さんは死に際に「恭」に向かって、「大好き」「あなたは生きて幸せになって」と叫んだという。

法廷では3回分の取り調べの録音録画の映像が、裁判員らの前で流された。それぞれ異なる人格が現れ、最初に流れた映像では、消え入りそうな声で「美樹さんは生きることの呪縛から解放された」と供述した。このときの人格は「恭」らしい。

次の映像では、丁寧で物腰の柔らかい口調で「事件のことは自分自身すごく知りたいのに覚えていない」と述べた。これは「恭」や「道徳的でない彼」でもなく、まったく別人格らしい。

最後の映像に出てきたのは「にゃーにゃさん」だった。事件のことは知らないとし、捜査員から「高津美樹さんって知っているやろ。その人を殺したという事実で逮捕されている」と言われても、「僕がですか？　えっ、本当に？　殺害？　えっ、殺したってことですか？　絶対にやっていません」と否定していた。

多重人格をめぐっては、法廷で証言した精神科医2人の判断も分かれた。いずれも20年前後の経験があるベテラン。起訴前後に2回、川西を精神鑑定した医師は「被告人が訴える症状は文献の症状と合致する。内容も具体的で、本や他人の体験談を聞いただけでは到底できない説明をしている」として、病気に罹患していると断定した。

一方、もう1人の医師は「面接でも『詐病ではない』と発言するなど、診断に不満を抱く態度は不自然だった」などとし、人格が交代したとの川西の主張は虚偽だと断じた。要するに多重人格は作り話だということだ。

この事件がどのようにして起きたのか、川西がどのように育ったのか、その経緯を詳述しよう。

川西は暴力的な父親と母親の間に生まれた。父親は短気で酒癖が悪く、母親に暴力を振るい、家庭で怒鳴り散らすため「鬼」と呼ばれていた。5歳下の妹が生まれて間もなく離婚することになると、母親以上に喜んだ。

だが、母親もヒステリックなところがあり、川西が自分の思い通りに動かないと「死ね、死ね！」と怒鳴り散らした。川西は母親に愛されようと思うあまり、必死で優等生を演じた。

母親が新しい彼氏と付き合うようになると、妹の面倒を1人で見た。母親は中2のとき、その男と再婚。それが原因で、川西は学校で仲間外れにされるなど、いじめによるストレスを抱えるようになった。

だが、高校はトップの成績で入学し、新入生代表の宣誓を読むほどだったが、不良生徒に目を付けられ、パシリにさせられた。川西はこれらの辛い体験を自らの身に起きたことではないと思い込もうとし、自分の記憶から切り離して別人格に背負わせ、自己防衛に全エネルギーを使うような青春時代を送っていた。

そんな中で知り合ったのが同級生の織田康代さんだった。康代さんとは好きなバンドが同じで意気投合し、高校卒業間近には付き合うようになった。

川西は地元芸大に進学したが、1年夏には中退。自宅に引きこもってイラストばかり描くようになったが、そんな川西でも康代さんが見捨てなかったのは、川西とまったく同じ世界観を持っていたからだ。川西と康代さんが好きなバンドは「死と破滅」がテーマで、独特な歌詞の世界に2人は傾倒していた。それを具現化したイラストやグッズを作り、2人で販売して収益を上げていた。

　さらに2人はSNSを通じて同じバンドのファンたちとも交流を深め、そのうちの1人が事件の被害者となる高津美樹さんだった。当時、彼女は遠方に住む女子高生だったが、同じようにSNSで知り合ったひと回り以上も年上の男と遠距離恋愛していた。

　美樹さんもまた、暴力的な父親と過干渉な母親に育てられ、バンドが奏でる退廃的な世界観に傾倒していた。彼女は常にSNSの世界を漂流し、次々と交際相手を変え、新たに付き合ったのが会社員の平松元雄さん（25）だった。平松さんが川西たちの住む都市に転勤してくることになったので、美樹さんはそれに付いて行く形で同棲を始めた。川西と康代さんは数年来のメル友だった美樹さんに実際に会うことができ、リア友になれたことを喜んだ。

「オレの働いている串カツ屋でバイトしないか。ちょうど人手が足りなくて困ってるんだよ」

　川西が働き口を斡旋したかと思えば、康代さんは「私たちがやってるバンドグッズを売るのを手伝ってよ」と誘い、美樹さんは2人のおかげでスムーズに地元デビューすることができた。

　そもそもメル友として付き合いが長く、職場の同僚として毎日のように顔を合わせるようになった川西と美樹さんはベッタリの関係になり、お互いの夜の生活のグチまでこぼし合う仲になった。

「私が疲れてるのにヤリたいときにやってきてさ。しかもAVのマネして玄関で即合体とかするのよ。ホントにバカじゃないかって思う」

　美樹さんからあけすけな話を聞かされるうち、川西は美樹さんに対する性的欲求をくすぐられるようになり、わずか2カ月後には肉体関係を持つことになった。

川西としては「彼氏とうまくいってほしい」という思いもあったが、「自分のものになってほしい」という気持ちもあった。

それぞれの同棲相手にバレないように、お互いの家を行き来して4人で交流したりしていた。


ところが、美樹さんの彼氏の平松さんが浮気したため、美樹さんがクラミジアをうつされるという騒ぎがあった。当然、それは川西にもうつった。康代さんは川西と美樹さんが同時にクラミジアに感染したことから疑問を持ち、探偵を雇って調べさせたが、真相ははっきりしなかった。

ともかく、感染源が平松さんであることはハッキリしていたので、美樹さんは「しばらく距離を置きたい」と別れ話を切り出した。平松さんは反論できず、その申し出を受け入れることにした。

そして次に川西と康代さんが修羅場になった。川西が美樹さんと関係を持っていたことを認めたため、康代さんは弁護士を使って慰謝料を取ることまでほのめかした。

こうして川西と康代さんは5年間の同棲生活に終止符を打つことになった。必然的に川西と美樹さんが付き合うことになり、間もなくマンションで一緒に住むようになった。

ところが、美樹さんは川西と同棲して1カ月もしないうちに音を上げた。

「あの人おかしい。下の毛を剃ったり、アフターピルを飲まされて、バイトのない日は1日中閉じ込められてセックスさせられる」

こうした悩みを打ち明けられるのは、やはりSNSで知り合った元カレたちだった。美樹さんは次々と昔の関係を復活させた。

事件前日、美樹さんは平松さんに連絡を取り、〈あなたの家に帰りたい。逃げようとするとレイプされる。無理やりヤラれて暴力を振るわれた〉とＬＩＮＥした。

平松さんは美樹さんを保護した。

「もうあんな家は出たい。でも、シオンを置いてきちゃったのよ。シオンだけは取りに帰りたい…」

シオンというのは美樹さんが可愛がっていたハムスターである。そのことは平松さんもよく知っていた。

事件当日、平松さんは美樹さんに付き添って川西のマンションを訪れ、荷物の引き渡しを求めた。

平松さんは「何かあったら踏み込むからな」と言って、玄関ドアを靴で挟んで開けたままにさせていたが、一度口論が聞こえたので入ってみたところ、「あなたも心配なら同席されたらどうですか？」と言われ、「お前みたいなレイプ魔と話す気はない。早く終わらせろ」と言って退散し、玄関ドアを閉めさせた。しかし、それがアダになった。

その直後、美樹さんの悲鳴が響き渡り、玄関が施錠されていたため、平松さんは隣室の住人に頼んでベランダ側から侵入したが、そこには血まみれの美樹さんが倒れており、川西が「ワハハハ！」と高笑いして玄関から出て行くところだった。

平松さんは警察と救急車を呼んだが、美樹さんは何度も首を切りつけられており、頸動脈離断により失血死した。

川西は逮捕直後、「自分がやったことに間違いありません」と犯行を認めていたが、しばらくすると「自分の中に存在する別人格がやったことで、犯行時の記憶がまったくない」と言い出した。

検察側は「キャラクターの使い分けをしていただけで病気ではない。残虐性が際立つ極めて悪質な犯行だ」として懲役18年を求刑。川西は最終意見陳述で「川西訓男が殺人を犯したのは事実ですが、私自身が犯していないのも事実です」などと述べた。

裁判所は「被告人が事件当時、解離性同一性障害（多重人格）だったことは認められるが、周囲の状況に応じて合理的な行動を取っており、完全な責任能力が認められる」として、懲役16年を言い渡した。

川西は判決を不服として控訴したが、無罪の主張は二審でも棄却され、懲役16年が確定した。

「6つの人格」演技か真か

大阪 交際女性殺害の被告

裁判員裁判 精神科医も分かれた判断

解離性同一性障害（多重人格）の被告による犯行なのか。単なる演技なのか。交際女性を刺殺したとして殺人罪に問われた大阪市旭区の無職、[redacted]被告(27)に対し、10～11月に大阪地裁で開かれた裁判員裁判では難しい判断が迫られた。[redacted]被告は「私には6つの人格がある」と訴え、被告人質問では犯行時とは別の「自分」が事件の流れを"自白"した。精神科医2人による鑑定も多重人格か否かで割れた。裁判員が下した結論は―。

別れ切り出され殺害

[redacted]被告は平成27年7月11日、大阪市中央区の当時の自宅マンションで、交際女性＝当時(21)＝の首などを包丁で多数回切りつけ、殺害したとして起訴された。

公判資料などによると、2人の出会いは26年10月。女性が[redacted]被告の勤めていた大阪市内の飲食店で働き始めた。当時は互いに別の恋人がいたが、[redacted]被告は女性に好意を抱き、同年末に交際関係となった。

[redacted]被告は27年5月ごろに婚約者の女性と別れて女性と同居。ただ、女性は周囲に「束縛される。別れるつもり」などと漏らしていたという。事件当日、別れを切り出した女性に対し、[redacted]被告は室内にあった包丁で多数回切りつけた。

弁護側が問題としたのは、事件当時の[redacted]被告は、法廷の証言台に立つ男とは『別の[redacted]被告』だったとしたことだった。

他人格と記憶共有？

弁護側によると、[redacted]被告には、少なくとも6つの人格がある。

たとえば法廷に出て、[redacted]被告が「道徳的でない彼」と呼ぶ人格は、高校時代、不良の生徒に絡まれることがあり、身を守るために形成された。犯行時は「恭」だった。殺害された女性と交際中に形成された人格だ。元婚約者の前では「にゃーにゃさん」と呼ばれる人格が表に出ていた。

「道徳的でない彼」は「恭」と記憶の共有ができるといい、法廷では事件の概要を語った。その説明では、「恭」と被害女性はある音楽グループのファン。曲の歌詞に感化され、「別れるときは互いを殺し合う」と約束した。だから別れ話を切り出された「恭」は女性を殺害したという。

人格ごとに違う供述

法廷では、3回分の取り調べの録音録画の映像が、裁判員らの前で流された。

弁護側によると、それぞれ異なる人格が現れ、最初に流れた映像では、消え入りそうな声で「（女性は）生きることの呪縛から解放された」と供述。このときは「恭」の人格らしい。

次の映像では丁寧な口調で「事件のことはすごく知りたいのに覚えていない」と述べた。「恭」や「彼」とは全く別の人格のようだ。最後の映像に出てきたのは「にゃーにゃさん」。殺人事件のことは知らないとし「殺害？ 絶対にやっていません」と否認した。

多重人格をめぐっては、法廷で証言した精神科医2人の判断も分かれた。

いずれも20年前後の経験があるベテラン。起訴前後に2回、[redacted]被告を精神鑑定した医師は「被告が訴える症状は文献の症状と合致する。内容も具体的で、本や他人の体験談を聞いただけでは再現できない説明をしている」として、病気に罹患していると断言した。

一方、もう1人の医師は「面接でも『詐病ではない』と発言するなど診断に不審を抱く態度は不自然」などとし、人格が交代したとの[redacted]被告の主張は虚偽だと断じた。

判決「責任能力」認定

プロの精神科医でさえ判断が分かれる事案で、裁判員は難しい判断を迫られることになった。

検察側は「キャラクターの使い分けをしていただけ。残虐性が際立つ極めて悪質な犯行」として懲役18年を求刑。11月2日の判決公判で飯島健太郎裁判長は「解離性同一性障害に罹患しているものの、完全責任能力が認められる」とし、懲役16年を言い渡した。

判決では、多重人格とした精神科医の証言について、[redacted]被告が他人に見られることを想定していないメモ帳に多重人格を思わせる記載をしていたことなどから判断していた点を踏まえ、信用性は高いと認定。その上で、判決は「犯行時も周囲の状況に応じて合理的な行動をとっており、行動制御能力に問題はなかった」とし、動機は「別れ話を切り出された絶望や怒りの感情」とした。

最終意見陳述で「私自身（法廷での人格）が殺していない証しを、心神喪失として残していただければ、（遺族が望む）無期懲役でも構いません」と述べていた[redacted]被告。多重人格が認められる結果となったが、弁護側は判決を不服として控訴した。

「産経新聞」2017年12月4日付

2019年12月　東京都豊島区

飲み会帰りに目覚めると隣で寝ていた上司

20代後半の会社員であるA子さんは、目覚めると隣に職場の上司の曽根崎和夫（34）が寝ていたので仰天した。

（ここはどこ？　ラブホテル？　まさか…）

昨日は曽根崎と飲んだ。だが、店を出て歩いているところから記憶がない。自分の服装を確認すると、ズボンと短めのコートを着ていた。

「うーん…」

今度は曽根崎が目覚めた。

「ここはどこ？」

曽根崎も覚えていない様子だった。一体どういうことなのか。2人は見つめ合って、思い出したかのように帰り支度を始めた。

料金は曽根崎が支払い、駅で別れたが、どうもしっくりこない。曽根崎は何もなかったかのような顔をしている。

それからしばらく経って、会社の喫煙室でバッタリ会った。目が合って、「こないだはごめん」と言われたので、「私の方こそすみませんでした。久しぶりに記憶が飛びました」と答えた。

「オレも何も覚えてないんだよね」

それからも変わらず仕事をしていた。まるで幻を見ているかのような出来事だった。

整理すると、曽根崎と飲んだのは会社の忘年会があった日だ。18時頃から会社のフロアーで打ち上げが始まり、100人以上が集まってコース料理を食べた。

22時でお開きとなり、別の同僚と二次会へ行こうかと話していたとき、曽根崎に声をかけられた。

「飲みに行こうよ」

「そうですね」

曽根崎は妻に〈二次会に行く。ごめん〉とLINEした。

「○○さんも一緒に飲もうって言ってるんだけど、どうですか?」

「誰だっけ?」

「マッチョの子」

「ああ、あの子か」

しかし、その同僚は都合が悪くなって、A子さんは曽根崎と2人だけで飲みに行くことになった。

その場では仕事やプライベートの愚痴などを話した。2時間あまりも飲んだだろうか。未明に店を出て、それからの記憶がない。

なぜ自分がラブホテルに入ったのか。曽根崎に誘われたのか、あるいは連れ込まれたのか。もしかして自分が誘ったのか。それすらも分からない。

気が付くと、朝になっていて、2人でベッドに寝ていた。まさか…とは思ったが、相手は上司。子どもが生まれたばかりの既婚者なのに、そんなことをするわけがない。

ところが、同じ目に遭った同僚が他にもいたことが判明したのだ。


B子さんは曽根崎と飲みに行って、カラオケボックスへ行った。そのときに、酒を飲んで昏睡して記憶がなくなった。ラブホテルに連れ込まれたわけではないが、気が付くとテーブルの上にハルシオンが並べられていた。

「何コレ?」

B子さんは会社に訴えた。

「B子さんが酒の中に睡眠薬を混入したのではないかと訴えている。一緒に飲みに行ったのか?」

「飲みに行ったのは事実ですが、睡眠薬は入れていません」

曽根崎が頑として否定するので、それ以上、会社としてもどうしようもなかった。

ところが、またも似たような被害者が現れたのだ。C子さんは曽根崎の直属の部下で、同じプロジェクトを担当していた。

C子さんの場合は、曽根崎と一緒に飲みに行って、青い色の酒を差し出され、「青くないですか?」と質問したことまで覚えていた。

その後、気が付くと電車に乗っていた。その間の記憶がまるでない。3人とも空白の時間が存在し、いずれも曽根崎と一緒に飲みに行ったときに発生しているのだ。

「これはおかしい…」

3人は警察に相談した。警察は1年がかりで立件にこぎつけた。曽根崎がラブホテルでA子さんの写真を撮っていたこと、常にバッグにハルシオンを入れていたことなどが判明した。

だが、曽根崎は容疑を認めず、「自分は何もしていない。言いがかりだ」と供述した。

「自分も酔っ払っていたので、飲んでいる途中から記憶がない。ハルシオンを入れたのか入れてないのかも分からない。ラブホテルに入った記憶もない。ホテルに行ったのはマズイと思った。自分は結婚しているし、職場の同僚だし。目が覚めてからは特に会話もなく、駅で別れた」

結局、曽根崎は3人に対するわいせつ誘拐、準強制わいせつ、わいせつ略取未遂の罪で起訴された。


公判になっても、のらりくらりとした答弁で言い逃れする曽根崎に対し、裁判長が直接尋問した。

「A子さんにどうやってここまで来たのか確認しなかったのか?」

「そこまで踏み込めなかった。なし崩し的に聞くことになった」

「あなたはA子さんに好意があったのか?」

「なかったです」

「じゃあ、A子さん側にあったと思う?」

「なかったと思います」

「A子さんに連れてこられたんじゃないかとは考えなかったの?」

「私はよく酔っ払うので、介抱するために、ここで休んでいくことにしたのかなとは考えた」

「何でA子さんは介抱のためにラブホテルを選んだと思う？」

「そうですね。だから、どうしたんだろうと…」

「あなたは結婚してるんですよね」

「はい」

「だったら、好意を持たれても応えられる立場にないでしょう。どうするつもりだったの？」

「そういうことは考えませんでした。日頃の態度から見て」

「じゃあ、何でここにいるのって聞かなかったの？」

「聞けなかったとしか言いようがないです」

「少しの間、2人でボーッとしてたんですよね。その後はどうしたの？」

「じゃあ、出ようかと…」

「どのようにして出て行った？」

「私が出始めたら、彼女も付いてきた。それで駅へ行きました」

「疑問は感じなかったの？　そこがどこなのかも分からなかったんでしょう？」

「駅の近辺だったので、風景から分かりました」

「あなたにとって、疑問に思うことが一つも出てこないみたいなんだけど、それはなぜですか？」

「自分の行動の非を話していたんで、伝えきれなかったんです」

「結婚してて、隣に女が寝ていたら、普通はビックリするでしょ。あなたの心の動きが分からないんだけど、それは何でなの?」

「うーん…、当然、そう思ったんですけど…」

「気にならなかったということですか?」

「深くは考えなかったです」

このような不自然極まりない言い訳がそのまま通ってしまうのか。

現在の不同意性交等罪では、以下の8つの事項を原因として、「同意しない意思を形成、表明又は全うすることが困難な状態にさせること、あるいは相手がそのような状態にあることに乗じて性交等したこと」と規定されている。8つの事項とは次の通りだ。

①暴行又は脅迫
②心身の障害
③アルコール又は薬物の影響
④睡眠その他の意識不明瞭
⑤同意しない意思を形成、表明又は全うするいとまの不存在
⑥予想と異なる事態との直面に起因する恐怖又は驚愕
⑦虐待に起因する心理的反応
⑧経済的又は社会的関係上の地位に基づく影響力による不利益の憂慮

ずいぶん穴がなくなっているが、これは2023年7月13日以降に起きた事件に適用されるものだ。現在なら曽根崎の行為は一発アウトだが、旧刑法の規定で争わなければならないところが悩ましい。結局、曽根崎は「犯罪の証明が不十分」として、無罪を言い渡された。

第5章

残酷事件

2014年11月　岐阜県関市

レイプ魔に祖父母を殺された女子中学生が見た地獄絵図

「おじちゃん、助けて！」

その事件は被害者の孫娘である女子中学生の上田華菜さん（14）が、親戚の男性宅に飛び込んできたことから発覚した。

ブラジャーとパンティーと靴下という異様な格好。靴下の裏には血痕がベッタリと付着している。泣くことも忘れて顔面蒼白になり、ガタガタと震えている。

「一体、どうしたんだ？」

「おじいちゃんとおばあちゃんが殺された…」

「何だって？」

現場の家では祖母（73）と祖父（81）が血まみれになって倒れていた。いずれも頸動脈を複数回刺されており、出血多量で即死状態だった。男性は直ちに救急車と警察を呼んだ。

それから15分後、通行人から「刃物を持った男が自転車に乗っている」という110番通報が入った。

警察官が駆け付けたところ、男は自転車を捨てて逃げ出し、近くの河川敷で取り押さえられた。

男は関口智也。年齢20歳。逮捕後、関口の供述通り、凶器の牛刀が近くの雑木林から発見された。

関口はフィリピン人の母親とのハーフ。次男として生まれたが、9歳のときに両親が離婚。父親に引き取られて育てられた。

友達は多く明るい性格だったが、勉強はまったくできず、中学卒業後、高校進学を断固として拒否。かといって就職もせず、父親からもらう1日1000円の小遣いでその日暮らしをしていた。

事件の8カ月前、友人と遊びに行った際、電車の中でむっちりとした太ももを露出したミニスカートの女性が正面に座るという出来事があった。

「おい、見ろよ。パンチラだぜ、ムフフフ…」

友人は冷やかしで笑ったが、関口はそのシーンが頭からこびりついて離れなくなった。それ以来、「太ももにペニスをこすりつけて射精したい」という妄想に取りつかれるようになり、街に出て自分と同世代の若い女性をナンパしようとした。

だが、どうやってセックスに持ち込んだらいいのか分からず、さらに悶々とするようになり、「小中学生の女の子なら、脅せばできるんじゃないか」という結論にたどり着いた。

そこで好みの女子小中学生がいる家に目星を付け、「女の子が身動きできないようにして〝太ももプレイ〟をしよう。家人がいたら殺してしまおう」という極端な犯行計画を立てた。

事件当日、関口はホームセンターで牛刀と粘着テープを購入し、いったん自宅に戻ってローションを持参し、自転車で再出発した。

まずは第1候補だった家に入ろうとしたが、侵入する前に家人に見つかってしまい、慌てて退散した。次に第2候補の家に行ったが、そこはカギが掛かっていて入れなかった。

どうしようかとしばらく放浪していたとき、見つけたのが裏庭に女子中学生の赤いジャージが干してあった被害者の家だった。

その日、たまたま華菜さんは風邪をひいて中学校を早退して帰宅していた。田舎の風習で玄関は施錠しておらず、和室でテレビを見ていた祖父母に「ただいま」と声を掛けることもなく、帰宅後はリビングで録画していたテレビを見ていた。

事件前、家の中で飼っていたトイプードルが何かの気配を感じたのか、やたらと吠えるので華菜さんはうるさくなり、ヘッドホンを付けて見ることにした。そのために周囲の声が聞こえなくなった。そこへ侵入してきたのが関口である。

「ガチャン！」

関口は物音に気付いて玄関口まで出てきた祖母の首をいきなり刺した。そのまま土足で上がり込み、座っていた祖父の首も刺した。2人は何が起きたのかさえ分からずに死んでいったに違いない。

華菜さんは何かが倒れるような物音に気付き、「きっとおじいちゃんかおばあちゃんが何かを倒してしまったのだろう」と思い、様子を見に行こうとしたところ、台所で血の付いた包丁を持った男と鉢合わせした。

「だ、誰なの？」

「うるせえ！」

返り血を浴びた彫りの深い顔をした男。華菜さんは後ずさりしたが、男は包丁を突き付けて接近し、「ひざまずけ！」と命令してきた。言うことを聞かないと殺されると思い、テーブルの方を向いて膝立ちになった。

飼い犬のトイプードルが近くに来て、ワンワンと激しく吠える。男は邪魔になったのか、「2階へ行こうか」と二の腕をつかんだ。

すると廊下には血まみれになった祖母が仰向けになって倒れていた。すでに生きている気配はない。その横を通り、階段付近まで行くと、和室が見えて祖父が血の海の中で倒れていた。

（おじいちゃんもおばあちゃんもこの男に殺されたんだ…。このままでは私も殺される…）

華菜さんは抵抗せずに2階の自分の部屋に入った。男は包丁を突き付けたまま一緒に入ってきた。

「よし、うつぶせになって後ろで手を組め！」

言われるがままに布団の上でうつぶせになると、男が足の上にまたがり、粘着テープでジャージの上から手首をグルグル巻きにしてきた。

「ズボンも脱ごうか」

ここで男の目的がレイプだと気付いた。華菜さんはジャージのズボンを脱がされ、パンティーが丸出しになった。男は持参したローションを取り出し、ニヤニヤと笑っている。

（こんな男にレイプされるなんて…。殺されるよりはマシかもしれないけど…、でも、イヤだ！）

華菜さんは何とかして逃げだそうと手首を動かし続けていると、粘着テープが緩んだので、とっさに起き上がった。男は「待て！」と言って後ろから上着をつかんできたが、スポッと体からジャージが抜けた。そこからどう逃げたのかは覚えていない。絶叫して階段を駆け下り、血の海の廊下を走り、玄関を出て二軒隣の叔父の家へ。チャイムを鳴らしても応答はなかったが、庭にいた叔父が声を掛けてきた。

叔父の通報で警察が駆け付け、祖父母の死亡が確認された。祖母はノドを3カ所刺され、祖父は7カ所刺されていた。警察は殺人事件とみて捜査を開始した。

一方、関口はいったん自宅へ帰って血の付いた服を脱ぎ、シャワーを浴びてから新しい服に着替えた。刃に付着した血痕を拭き取り、再びそれを持って外に出た。

「もう後戻りはできない。もっと人を殺せば死刑になるだろう。百円ショップで客を襲って大量殺人をしよう」

だが、その途中で警察官に呼び止められた。振り切って逃げようとしたが、アッという間にパトカーが集まり、逃げ場を失って逮捕された。

「若い女性にイタズラしようと思い、家に入ったが、おじいさんとおばあさんに見つかったので刺した。女の子を強姦するつもりだったが、途中で逃げられた」

検察は関口に精神科への通院歴があったことから、3カ月間の鑑定留置を実施したが、「刑事責任能力を問える」と判断し、殺人罪で起訴した。その上で「人を殺してでもわいせつ目的を遂げたいという自己中心的な思考を持ち、生命軽視の態度も顕著だ」と糾弾し、死刑を求刑した。

一方、弁護側は「犯行は女性の太ももに異常な性的興奮を覚える精神障害が大きく影響した」として、死刑回避を求めた。

九死に一生を得た華菜さんは「私は助かったけど、おじいちゃんとおばあちゃんは死んでしまった。もう話をすることもできないし、悲しいです…」と訴えた。

現場の家は誰も住めなくなり、売ろうにも売れない事故物件となっている。突然に命を奪われた老夫婦が浮かばれることはない。

それなのに裁判所は「いきなり首を刺す犯行態様は強固な殺意が認められるが、犯行の出発点となる被告人のフェティシズム障害は社会生活に影響を及ぼすほど進行していた。死刑が真にやむを得ないとまでは認められない」として、無期懲役を言い渡した。

精神障害というのは、そこまで死刑への高いハードルになるのだろうか。

関・夫婦刺殺 死刑を求刑

裁判員裁判 弁護側は「障害で不安」

[redacted]被告

岐阜県関市で二〇一四年十一月、わいせつ目的で侵入した民家で高齢夫婦を刺殺したとして、殺人などの罪に問われた無職[redacted]被告(二三)＝同市山田＝の裁判員裁判の論告求刑公判が六日、岐阜地裁(鈴木芳胤裁判長)であった。検察側は死刑を求刑し、結審した。判決は十四日に言い渡される。

検察側は論告で、女性の脚への執着を示す[redacted]被告の「フェティシズム障害」について、わいせつ目的の動機形成に影響したと認めつつ「殺害は被告自身の判断で行った」と指摘。「被告は生命軽視の態度が顕著で、二人の命を奪った結果も重大だ。最も重い刑に値する」と求刑理由を述べた。

弁護側は最終弁論で「事件当時の被告は障害の症状が強く表れ、強い不安に襲われていた」と主張。「障害による大きな苦痛から解放されることが犯行の出発点だった」と述べ、「前科もなく、障害も治療できる」として死刑判決の回避を求めた。

起訴状によると、一四年十一月十一日正午ごろ、関市津保川台の民家に無施錠の玄関から押し入り、[redacted]さん＝当時(八二)、[redacted]さん＝同(七三)＝夫婦の首を持参した包丁で刺し、失血死させたなどとされる。

遺族陳述「極刑望む」

[redacted]被告の裁判員裁判で、殺害された高齢夫婦の長男が遺族代表として意見を述べた。「遺族としては極刑を強く望みます」。長男は、生前の両親の様子や事件後の家族の無念を語り、死刑判決を求めた。

亡くなった[redacted]さん、[redacted]さん夫婦と長男家族が同居し始めたのは事件の約五年前。二人は静かに暮らしながら三人の孫娘の成長を何より楽しみにしていたという。「いつか娘たちの花嫁姿を見たかったはず。夢を断ち切られ、さぞ無念だったことでしょう」と両親の気持ちを代弁した。

この日の長男は白いシャツに紺色のスーツ姿。陳述書を持つ手が震え、時折、言葉を詰まらせた。

事件後は、家族そろって親戚宅に身を寄せ、食事ものどを通らない生活が続いた。「この二年間は悲しく、つらく、苦労を重ねた。事件さえなければと何度思ったか分からない」。明るかった家族も口数が少なくなったという。

[redacted]被告は二日の被告人質問で初めて謝罪の言葉を口にした。長男は「これまで一度の謝罪もなく、本当に反省しているのか。許されるはずがない」と声を震わせた。

「中日新聞」2016年12月7日付

2017年8月　名古屋市中区

レイプ魔から逃れようとして首の骨を折った被害者の後遺症

大手不動産会社に就職したばかりだった鶴田麻衣さん（24）にとって、その日は人生最悪の一日だったに違いない。

知人と待ち合わせている途中、コンビニで時間つぶしをしていたところ、声を掛けて来たのが垣内竜太郎（34）だった。

「お姉ちゃん、ヒマ？　今から飲みに行かない？」

「これから人と会う用事があるのよ」

「じゃあ、それまでの時間でもいいからさ。もうすぐオレの友人も来るんだよ」

そこへ垣内の友人がやって来た。2人から熱心に誘われ、「3人ならおかしなことにもならないか」と判断した麻衣さんは、その申し出を了承し、3人で近くの居酒屋に入った。

麻衣さんは海外の大学を卒業し、研修期間を終えて、赴任地にやってきたばかりの有望株だった。片や垣内は失業中で生活保護を受けているような男だった。

3人で飲んでいるうちに麻衣さんの携帯が鳴った。約束していた知人からだった。必然的にお開きになったが、麻衣さんは垣内と連絡先を交換。「また機会があれば会う」ことにした。

もう一人の男は車で来ていたので代行を呼んだが、垣内は麻衣さんに「送って行く」と言って聞かないので、２人でタクシーに乗り込むことにした。

すると、そこへ麻衣さんの知人から電話がかかってきた。「急用ができて行けなくなった」という連絡だった。それを知ると突然、垣内の態度が変わった。

「それならオレの家へ行こう」

麻衣さんが嫌がって「降りる」と言うと、ドアの取っ手を握って出れないように邪魔をした。麻衣さんは何とか丸め込んで降ろしてもらおうと考え、「今日はダメだけど、また今度ね」と言って、キスまでしたのに無駄だった。

意を決した麻衣さんは、タクシーが交差点で停まったとき、自分が座っている運転席側の後部座席のドアから脱出し、進行方向とは逆の方向に走り出した。

「あっ、待てっ！」

すぐに垣内が追いかけてきて捕まってしまった。麻衣さんはしゃがみこんで抵抗したが、垣内は物凄い力で立ち上がらせて、後ろから押すようにして自宅マンションまで連れて行った。

垣内の部屋の前まで来たとき、麻衣さんは一瞬の隙を突いてエレベーターの中に逃げ込んだ。そのまま最上階の７階まで昇った。

何とかして逃げなければならないが、階段で下りる途中に鉢合わせしたらイヤだし、エレベーターで下りたら１階で待ち伏せされているかもしれない。

しばらくその場でジッとしていると、エレベーターで昇ってきた垣内に声を掛けられた。

「ここで何してる?」

「ヒィーッ!」

麻衣さんはとっさに「…いや、ここ、私の部屋だから」と言ってごまかし、たまたま目に付いた部屋のドアノブにカギを差し込んでみたが、開くわけがない。垣内はその様子を呆れた顔で見ていた。

「それぐらい猿芝居を続けたら気が済んだか?」

麻衣さんはカギを取り上げられ、エレベーターに乗せられた。2階の部屋のドアを開け、麻衣さんの腕をつかんで引っ張り込んだ。いきなり床の上に押し倒され、サンダルを脱ぐヒマもなかった。垣内はキスをしながら、麻衣さんの服の中に手を入れてきて、乳房を揉んだ。

「人を騙そうとすれば、必ずその報いを受けると分かっていて、オレをペテンにかけようとしたんだな?」

何を考えているのか分からないような目つきも不気味だし、垣内は居酒屋にいたときとは別人のように威圧的だった。麻衣さんは半ズボンを膝まで脱がされたが、必死でお尻を付けて抵抗した。少しでも腰を上げたら、全部脱がされそうだったからだ。垣内はパンティーの中に指を入れ、膣内をかき回してくる。

「いいじゃん、しようよ。そうやって必死にこらえている顔がまた、たまらないんだよ」

必死に抵抗を試みる麻衣さんの苦悶の表情さえ、垣内にとっては欲情を煽るスパイスになっているらしい。「このままじゃレイプされてしまう…」と焦った。

麻衣さんは垣内が自分の服を脱ごうとした瞬間に、ベランダに向かって駆け出した。垣内はすぐに追いかけてきたので、携帯を取り出して110番しようと思った。だが、携帯がない。さっきカギを取り出したときに落としたのかもしれない。慌てた麻衣さんは隣の住人に助けを求めようと、サンダル履きのまま、ベランダの壁によじ登り、仕切り板に腕を回して体を反転させようとした。そのときだ。足を滑らせて落下してしまったのだ。

それから先の記憶はない。次に気が付いたときは病院のベッドの上で、そばには目を赤く泣き腫らした母親の姿があった。麻衣さんの体には何本ものチューブが取り付けられ、医療器具が作動していた。麻衣さんは頸椎骨折の重傷を負っていたのだ。

「お母さん。私、膝がどこにあるのか分からない。ちょっと触ってみて…」

母親が触っても、何も感覚がないことから、下半身が麻痺していることが分かった。胸から下は何の痛みも感じない。体温調節もできない。動かすこともできない。排泄も一人ではできないし、食事のときは専用の器具を使わなければならなくなってしまった。今後の回復の見込みもなく、一生車椅子で過ごすことを余儀なくされてしまったのだ。

一方、垣内は麻衣さんを助けるどころか、事件後は実家に逃走。訪ねてきた警察官に対しても犯行を否認し、「被害者にセックスを迫ったら怒り出し、勝手に玄関から出て行った。実家に帰るとき、被害者が倒れているのは見たが、通報したら自分が犯人にされてしまうと思ったので、関わらないようにした」

などと供述した。

警察は垣内を強制性交等致傷容疑で逮捕した。さらに被害者を救護する義務があるのに放置したという保護責任者遺棄容疑でも再逮捕した。だが、垣内は「被害者を無理やりセックスしようとしたことはない。事件は記憶にない」と無罪を主張した。

それを裏付けるかのように、垣内の部屋の真上に当たる3階の空き室から、麻衣さんの携帯電話やカギ、化粧品などが見つかった。麻衣さんは「犯人の部屋が2階だったか、3階だったかは覚えていない。でも、部屋はガラーンとした感じじゃなくて、人が生活しているような空間だった」と説明した。当時、その部屋はダイヤル式の南京錠で施錠されていた。だが、垣内は「これこそが冤罪の証拠だ。被害者は3階から落ちた」と主張した。

「被害者は大ウソつきだと思います。私は3階など行ったこともないし、被害者を強引に押し倒したりもしていない。事件には一切関わっていないのだから、私は何も知りません。警察には『アンタしか犯人はいないんだよ』と言われ、とてもムカついています」

情状証人として出廷した麻衣さんの母親は「娘から事件のことは聞けていません。看病しているだけでもショックなのに、私が事件の内容を詳しく知ってしまったら、復讐を考えるほど憎むと思います」と述べた。

裁判所は「3階から被害者の所持品が見つかった経緯は不明」としながらも、「被告人は執拗に暴行や脅迫をして性交しようとしており、被害者が両脚や両腕の麻痺などの後遺症を負った結果も重大。犯行時の経緯の説明や女性のケガの状況などから、被告人の主張は具体性に乏しく不自然であり、被告人には反省の態度もうかがわれない」として、懲役10年を言い渡した。

まれにみる凶悪な性犯罪であるにも関わらず、この量刑は甘すぎるのではないか。垣内は自分の言い訳に限界を感じたのか、控訴することなく服役した。

強制性交致傷事件
男に懲役10年判決
名古屋地裁

名古屋市中区のマンション自室で女性に暴行しようとし、ベランダから転落させて重傷を負わせたとして、強制性交致傷罪に問われた韓国籍で無職[redacted]被告(三五)の裁判員裁判の判決公判が五日あり、名古屋地裁は求刑通り懲役十年を言い渡した。田辺三保子裁判長は量刑理由について「女性が両脚や両腕のまひなどの後遺症を負った結果は重大。被告に反省の態度もうかがわれない」と述べた。

弁護側は「無理やり性交しようとはしておらず、玄関から帰した」と無罪を主張。被告の部屋は二階だが三階の空き室で女性の所持品が見つかったことから、女性はこの部屋から転落したと訴えたが、田辺裁判長は、女性が頭から落ちたものの頭部は骨折しなかったことなどから「けがの程度などに合わず、不合理だ」と退けた。この部屋に女性の所持品が持ち込まれた経緯は「不明」とした。

判決によると、被告は昨年八月十七日未明、自室で二十代女性に乱暴しようとし、逃げる際にベランダから転落した女性に首の骨折などの重傷を負わせた。

「中日新聞」2018年10月6日付

女子高生の顔に劇薬をかけた元薬剤師のお礼参り

2015年1月　大阪府高槻市

早朝の駅前商店街、通勤や通学する人たちが往来する中、美少女が描かれたシリコンマスクをかぶり、サングラスをかけ、ニット帽をかぶった異様な人物が自転車で行ったり来たりしていた。

そこへやってきたのが女子高生の高田美和さん（18）である。シリコンマスクの不審者は彼女とすれ違うや、自転車で追いかけ、いきなり顔面にスプレー缶の液体を吹きかけた。

「ギャーッ、熱い!!」

なおも髪の毛をつかんで引きずり倒し、その上に覆いかぶさって液体を執拗にかけまくった。美和さんは両手で顔を隠すのが精一杯だった。助けに入った同級生の女子高生（18）も液体に触れてケガをした。

液体は水酸化ナトリウムで、タンパク質に素早く反応して溶かす。苛性ソーダとも呼ばれている劇薬だ。触れると皮膚がただれ、目に入れば失明の恐れもある。

そんな恐ろしいものをまき散らしたのは元薬剤師の上田和弘（43）だった。約1年前に美和さんに対するストーカー規制法違反で有罪判決を言い渡された男だった。

警察は真っ先に上田の関与を疑い、商店街の防犯カメラに異様な出で立ちの犯人が映っているのを確認。さらに聞き込み捜査を進めたところ、事件からわずか5分後に現場近くの弁当店の横にある郵便ポストにレターパック2通を押し込もうとしている不審な男がいたことを突き止めた。その店主に上田の写真を見せたところ、「この男です」と証言した。

「声をかけると、『集配が来たら渡しといてくれ』と言って、自転車で走り去りました。宛先が特定の郵便局留めになっていて、差出人と受取人はいずれも同じ名字の人物でした」

警察が宛先として書かれていた郵便局に先回りして待ち構えていたところ、上田が現れたので傷害容疑で逮捕した。

レターパックの中からは犯行に使われたとみられるシリコンマスク、サングラス、ニット帽、ネックウォーマーが見つかった。

レターパックに使用していたセロハンテープからは上田の右手の指紋が検出され、サングラスには犯行で使用された水酸化ナトリウムの成分が付着していた。ネックウォーマーには人の唾液が付着しており、それは上田のＤＮＡと一致した。

さらに家宅捜索の結果、水酸化ナトリウムを購入した際のレシートを発見。インターネットでシリコンマスクを購入した記録も見つかった。その上、上田のスマホからは犯行現場近くのポストやトイレの場所を検索した履歴が見つかり、美和さんの通学先のバスの時刻表が保存されていた。

状況証拠は真っ黒。それなのに上田は「犯行時間には現場にいなかった。なぜ逮捕されるのか分からない」と関与を否定した。

「変装していた犯人の顔を見た奴がいるのか。レターパックやネックウォーマーは事件前に家から盗まれていたものだ。シリコンマスクは果樹園でカカシを作るために購入したものだ」

上田がここまで強情なのにはワケがある。7年前、上田は地元で相次いでいた通り魔事件の犯人として逮捕された。いずれも自転車の男が追い抜きざまに被害者の頭や顔を狙って凶器で殴ったというものだった。

ジョギング中に首を切りつけられた大学院生の男性（22）、後頭部を殴られて全治1カ月の重傷を負った会社員の男性（24）、傘で殴られて顔の骨を折り、全治3カ月の重傷を負った女子大生（18）もいた。警察が警戒する中、上田は公園内の遊歩道でアルバイトの男性（28）をハンマーで殴ったという殺人未遂容疑で逮捕された。

上田は自宅前で刑事に取り囲まれた際、ズボンのポケットにアイスピックを隠し持っていた。また、自宅のパソコンには犯行現場の地名や凶器の種類を入力して検索した跡もあった。

だが、このときも「どういうことか分からない」と一貫して否認。裁判で争った結果、「犯人と推認される事情はあるが、その証明は十分とは言えない」として、無罪になったのだ。

「深夜に一瞬だけ見た被害者が犯人を識別できたかどうか合理的な疑いが残る。警察の面割り捜査で、捜査員が顔写真30枚の中に被告人の写真を含めなかったと証言したのは、被害者が被告人の写真を選び出せなかった事実を隠す目的だった可能性がある」

検察側はこの判決を不服として控訴したが、二審判決も同じだった。これで上告を断念。上田の無罪が確定した。上田は冤罪のヒーローとなり、警察批判の急先鋒となった。

「デタラメな捜査で冤罪になるところだった。警察は二度とこのようなことがないよう、再発防止策を考えてほしい。判決は当然の結果だが、警察の不適切な捜査について触れておらず、このような判決だと冤罪が繰り返される可能性もある」

さらに逮捕時の新聞記事に誤りがあり、名誉を傷つけられたとして、新聞社と報道発表した警察に計720万円の損害賠償を求める訴訟を起こした。

警察に対する請求は認められなかったが、新聞社には「記事の一部が真実でなかった」として、22万円の賠償を命じた。上田は一躍〝時の人〟になった。

それなのに1年後、高田美和さんに対するストーカー事件の犯人として、また逮捕されたのだ。

美和さんとはアルバイト先の郵便局で知り合った。上田は別の部署で働いていたが、美和さんが休憩所で友人と話していると、必ず割り込んで入ってきた。

帰りのバス停でも待ち伏せし、自宅マンションを突き止められた。学校へ行く途中も付きまとい、たまりかねた美和さんは警察に相談。上田はストーカー規制法違反容疑で逮捕された。

「手紙を渡したかっただけだ。それが何でストーカー行為になるのか。何もムチャなことはしていない。心配のレベルが異常だ。アルバイト先が一緒だったから、バス停でかち合うのは当然のことだ。自分の気持ちを伝えたかっただけ。はっきり拒絶されれば、付きまとわなかった」

だが、この事件では懲役6カ月執行猶予5年の有罪判決を言い渡され、上田はこれに納得できず、最高裁まで争ったが棄却された。

冤罪のヒーローが一転、笑い者になってしまい、その原因を作った美和さんは許せる存在ではなかったのだ。警察は「お礼参りの可能性がある」と警戒し、上田の釈放後、月2回は美和さんに電話して、異常がないかどうか確認していたが、美和さんの親から「もう大丈夫です」と連絡があり、警察がケアをやめた10日後に事件が起こった。

「お前には被害者を狙う動機があるだろう!」

「事件当日の自宅マンションの防犯カメラを見てください。自分が外に出る様子が映っていますか?」

「防犯カメラに映らないように外に出る方法はあるじゃないか。そんなことは捜査員が実証済みだ」

「それを自分が知ってたって証拠はあるんですか?」

「防犯カメラに映ってなかったからといって、外に出なかったというアリバイにはならないぞ」

それでも上田は犯行を認めず、公判になっても見苦しく言い訳を重ねた。

「弁当店に男が預けたというレターパックと警察が差し押さえたレターパックが同一という証拠はあるんですか。その男が犯人だという証拠はあるんですか。親切心で拾った人がたまたまポストに入れようとしていただけなのかもしれない。弁当店の店主は聞き込みで私の写真を見せられ、警察に迎合させられている可能性がある。自分は被害者に近づいてもダメなのに、本件の犯人と思われて陥れられている。マスコミのストーカーのイメージを利用して私を重い罪にしようとしているんです」

美和さんは熱傷で顔が腫れ上がり、全治8カ月の重傷を負った。上唇がただれてしまい、口の中の味覚が戻らなくなった。薬剤をかけられた部分の髪の毛が抜けてしまい、目にも重篤な障害が残った。紫外線にも弱くなり、普通に外出することもできなくなった。事件後、初めて鏡を見たときは、「バケモノの顔」と半狂乱になった。

被害者にどれほどむごい仕打ちをしたのか分かっているのだろうか。上田はすべての主張を退けられ、懲役7年を言い渡された。

女子高生の顔に液体、やけど

傷害容疑で男逮捕

大阪府警

登校中の高校3年の女子生徒(18)の顔に液体を吹き付け、やけどを負わせたとして、大阪府警捜査1課は22日、傷害容疑で住居・職業ともに不詳の[redacted]容疑者(43)を逮捕した。「現場にいなかった。何で逮捕されたのか分かりません」と容疑を否認しているという。

府警によると、[redacted]容疑者はこの生徒に対するストーカー規制法違反容疑で平成25年2月に逮捕され、有罪判決を受けた。府警はその後も昨年12月まで生徒に電話して状況確認をしていたが、事件10日前の今月9日に対応をやめたばかりだった。被害が収まったとして生徒側が打ち切りを申し出たためだったという。

逮捕容疑は19日午前8時10分ごろ、大阪府高槻市紺屋町の商店街で、生徒の顔に液体を吹き付ける暴行を加え、顔面と両手をやけどするけがをさせたとしている。生徒を介抱しようとした同級生の女子生徒(18)も液体に触り、けがをしていた。

液体は水酸化ナトリウム溶液とみられる劇物の可能性があるという。水酸化ナトリウム溶液は触れると皮膚がただれ、目に入れば失明する恐れがある。取り扱う際は、長袖の服やゴム手袋の着用が勧められている。

府警によると、生徒は24年12月ごろにアルバイト先で[redacted]容疑者と知り合い、ストーカー被害に遭うようになった。生徒は25年1月に府警に相談したが、[redacted]容疑者がつきまといを繰り返したため、府警は同法違反容疑で逮捕した。

府警によると、[redacted]容疑者は今回の事件当時、シリコーン製のマスクやサングラス、かつらなどで変装。犯行後、変装道具を岡山県内の郵便局留めで送っていたといい、22日夕、同郵便局の駐車場に現れたところを警戒していた捜査員が逮捕した。

「産経新聞」2015年1月23日付

2020年8月　富山県高岡市

首絞めセックスの途中で死んだ恋人を解体

大杉敏生（22）と横田さやさん（20）は、事件の1年半前にインターネットを通じて知り合った。遠距離恋愛を重ねるうち、「一緒に住もう」ということになり、大杉の地元でマンションを借りた。だが、お互いに無職で金がないことから、すぐに生活は行き詰まり、2週間後にはスーパーで万引きして捕まることになった。

さやさんは親に叱られ、それを機に地元に帰ることになった。

だが、大杉がSNSで知り合った別の相手と親密にしていることを知って、激しく嫉妬した。

「私のことなんか忘れてしまって、どこかのオンナとくっついてしまうかもしれない。そうなったら大変や！」

さやさんは再び家出して大杉の地元に向かい、同棲を再開した。その頃から2人はSMまがいの首絞めセックスにふけるようになった。

「絶対に無理はしないこと。そして自分が楽しむより、彼女を楽しませて、スリルと共犯意識を持たせること。その後でこっちも楽しませてもらうことだ」

上級者にこんなレクチャーを受けて、大杉はさやさんを首絞めセックスに誘った。

「オレもさやもノーマルじゃない。オレはサディストで、さやはマゾヒストなんだ。そんな2人の愛がもっと深いところで結ばれるには、普通の愛し方じゃダメだと思うんだ」

まずは論より証拠。大杉はさやさんをさんざん気持ちよくさせてから、首絞めセックスへと移行した。

「気持ちいいって言ってごらん」

「き、気持ちいいッ！」

大杉が抜き差しのスピードを速めると、さやさんの声もうわずった。大杉は徐々にさやさんの首に手を回し、窒息寸前に手を放すという行為を繰り返した。その度に膣内がギチギチと絞まるような感覚がしてたまらなかった。

さやさんが慣れてきてからは、首絞めセックスは平気になり、2人の倒錯的なセックスは日常的になっていった。

さやさんは大杉と結婚したいと考えるようになり、婚姻届を用意して、友人たちに証人欄に署名してもらった。自分の戸籍を送ってもらうように実家の母親に頼んだが、「今のままでは賛成できない」と断られた。大杉の仕事が不安定だからだ。

そんな状況下で起こったのが、さやさんが突然死する事件だった。

事件当日、大杉とさやさんは大型ショッピングモールへ買い物に行き、昼頃に歩いて帰宅した。

それからは何をするでもなく、アニメサイトなどを見て過ごし、午後8時頃、大杉がいつものように首絞めセックスに誘った。そのことについて、さやさんが拒んだ形跡はない。

2人は裸になって同じ布団に入った。

2人は通常のセックスから首絞めセックスへ移行し、さやさんは突き上げてくる快美感に長い脚を放り出し、ビクンビクンと腰を跳ね上げた。

(もう少しでイケそうなんだけどな…)

そのとき、大杉は近くにあった充電器のコードを見つけた。それで首を絞めると、さやさんは「苦しい、息ができん」ともがき始めた。それをさやさんの被虐の喜びと勘違いした大杉は、そのまま首を絞め続けた。

「アレ?」

射精する直前に様子がおかしいことに気付いた。

「おい、どうした?」

いつもは「死ぬ、死ぬ」と言いながら、真っ赤な顔をして息を吹き返すのに、まったく動かない。というより、息をしていない。

「ヤバイ…」

大杉は慌ててスマホを取り出し、〈応急措置〉〈救命措置〉〈窒息〉〈心臓や呼吸が止まってしまったら〉といったワードを検索した。

だが、救急車は呼ばなかった。大杉は焦り、知人にＬＩＮＥで連絡した。

〈仮にさやが死んだって言ったらどうする?〉

〈どういうこと?〉

〈さやに抜きたいってお願いして、首絞めたら死んじゃった〉

〈死因は何なの?〉

〈原因はオレのせい。詳しく話すとバカって言われるけど、さやに抜きたいってお願いして、抜き終わったら死んでた〉

〈心臓マッサージは?〉

〈うまくいかなくて〉

〈死体は?〉

〈あるよ〉

大杉はその写真を送った。首には長袖ニットシャツが巻かれていた。

〈ちなみにいつの話?〉

〈24時間経った〉

〈何で放置してんの?〉

〈まさか本当に死ぬとは思わなかったんだよ。いつもタフだったしな〉

〈警察には言った?〉

〈言ったらアウト〉

〈早く言わないと罪が重くなるよ〉

〈何とか工夫するから〉

〈工夫するってどういうことだよ?〉

〈だってオレ、死刑になる確率高すぎるよ〉

大杉は理解不能な隠ぺい工作をいくつもしていた。

まず、遺体の頚部と鎖骨、左前腕、胸部などを刃物で傷つけ、右の眼球をくり抜いていた。さらに左足の甲をカセットコンロで焼いて炭のように真っ黒にしていた。

さやさんにあてて〈死なせてごめんなさい。僕がバカだった〉〈殺してしまって申し訳ない。仮に生き返ったら僕を食べてね〉という手紙を書き、それとは別個に遺書も残していた。

〈これを誰かが見ているということは、私はこの世にいないのでしょう。私の骨はさやと同じ墓に入れてください〉


事件から3日後には、別の人間とこんなＬＩＮＥもしていた。

〈どこにも通報しないいって約束するなら言うよ。さやが死んだ〉

〈どうして死んだ?〉

〈警察に知られたら、一生離れることになる。だから遺体はここに置いてある〉

〈臭いが漏れるよ。どこかへ移動した方がいい〉

〈遺体は燃やそうと思う〉

〈見つかりたくないなら、埋めたらどうなの?〉

〈オレの目の前にあった方がいい。さやと離れたくないから〉

〈警察に捕まって、相手の家族に賠償金とか払う立場になったら最悪だよ〉

〈うーん〉

〈もう一度確認するけど、死んだのはいつなの？〉

〈3日前の午後10時頃〉

〈今まで放置していたわけか〉

〈車とかないから。大きなバッグ買わないと〉

〈処理法は燃やしで決定なの？〉

〈決定だと思う〉

〈でも、生肉しか燃えないぞ、きっと〉

結局、話を聞いた知人の1人が警察に通報。大杉のもとに警察官が駆け付けたのは、さやさんが死んでから4日後のことだった。大杉は死体損壊と死体遺棄の疑いで逮捕された。

その後、傷害致死容疑でも逮捕されたが、公判では一転して「あれは自殺だった」と言い訳した。

「彼女は親に結婚を反対されていて、将来を悲観していた。自殺後に遺書や自殺計画書も見つかった。でも、自殺は彼女にとって不名誉なこと。自分が殺したことにしようと思った。首や胸などを刃物で切りつけたことも、友人にLINEを送ったことも全部カムフラージュ。彼女はドアノブで自ら首を吊って死んだ」

だが、こんな詭弁で裁判所をごまかせるわけがない。

「犯行を告白した被告人のメッセージは真実味があり、隣室の住人が『苦しい、息ができん』という声を聞いたという証言も信用できる。被告人が死亡直後に119番通報など具体的な救命措置を取らなかったのは、自殺を発見した者の行動としては不自然かつ不可解。被告人は虚偽の弁解をして反省しておらず、遺族の処罰感情も強い」

大杉は懲役6年を言い渡された。「これは冤罪だ」と控訴したが、控訴審でも棄却され、判決後、机上のパソコンのコードをつかむなどして暴れたため、刑務官に取り押さえられて退廷した。

同居女性の遺体を遺棄容疑

高岡の22歳逮捕 損壊疑いも

同居する女性の遺体を自宅に遺棄して一部を焼いたとして、高岡署は9日、高岡市野村、無職[redacted]容疑者(22)を死体損壊と死体遺棄の疑いで逮捕し、発表した。

同署によると、[redacted]容疑者は4～8日ごろ、自宅マンションの室内に、交際相手の無職[redacted]さん(20)の遺体を放置し、その一部を焼いた疑いがある。同署は司法解剖して死因などを調べる。

8日に[redacted]容疑者の知人が同署に相談。署員がマンションを訪れた。[redacted]容疑者と[redacted]さんは2人暮らしだったという。

「朝日新聞」2020年8月10日付

2023年5月　大阪府泉佐野市

「髪の毛食えや」で暴行死させた男

事件の被害者となる岡田幸恵さん（18）は中学卒業後、美容専門学校に進学。幸恵さんの家庭はあまり裕福ではなかったので、キャバクラに体験入店したり、スナックなどでバイトしたりしていた。

水準以上の美人だった幸恵さんはよくモテた。幸恵さん自身はギャルカルチャーが大好きで、付き合う男性もやんちゃなタイプが多く、付き合ってもいないのに肉体関係を持ってしまうこともあった。

事件の2年半前、夫となる男性と知り合い、妊娠したことをきっかけに入籍。半年後には男児を出産した。事件の5カ月前のことだ。

親子3人で新たな出発を始めた矢先、夫と些細なことからケンカになり、離婚問題に発展。子どもは乳児院に預けられ、親権をめぐって調停で争うことになった。

そんなときに急接近してきたのが岩本翔（22）だった。岩本は地元の札付きのワルで、幸恵さんは数年前からインスタグラムを通じて岩本のことは知っていた。

岩本は女の扱いに長けていて、最初は下にも置かない態度で優しく接するが、気に入らないことがあると急に怒り出す。それでも取りすがってきたところを再び優しく接して、また突き放す。これを繰り返すことによって、自分の求めに応じる女に育て上げるのだ。

岩本は幸恵さんと出会う3カ月前にも別の女性に対し、「金持ってこい、殺すぞ！」と脅し、ナイフで刺す傷害事件を起こし、罰金刑を受けたばかりだった。

そんな経緯を知らない幸恵さんはバイト先のスナックで久々に出会い、「懐かしい人に会えた」と意気投合。離婚調停中の身でありながら、岩本と〝半同棲生活〟を送るようになった。

幸恵さんも岩本に結婚している状態であることは隠していたので、離婚調停に出席しなければならないときは〝口実〟に悩んだ。

岩本にしても、幸恵さんがしばしば所在不明になることに違和感を覚え、問い詰めたところ、離婚調停中であることが分かった。

「でも、待って。もうすぐ夫に子どもの親権を譲るということで話がつきそうだから。私が子連れになるということはないから」

岩本はその話を信じ、幸恵さんと交際することにした。生活費は岩本が持っていたし、旅行に行くこともあった。だが、幸恵さんも働かなければやっていけないため、都心のキャバクラで働くことになった。

これが原因で命を奪われることになるとは思っていなかったに違いないが、岩本は幸恵さんが着飾って酔客を相手にすることはよく思っていなかった。

事件の2日前、幸恵さんはキャバクラに出勤するために岩本と一緒に家を出た。

「明日は始発に乗って一緒に帰ろう。どうせアフターとかあるんだろ？」

「うん、朝5時頃には終わるつもりだから」

それまで岩本は時間を潰した。そろそろ終わる頃かと思っていたとき、幸恵さんから連絡があった。

「アフターが長引きそうだから一緒に帰れない。先に帰って」

「おい、浮気じゃないだろうな」

「そんなわけないでしょ。仕方ないじゃん。お客さんを待たせているから行くね」

岩本はあきらめて帰ることにしたが、幸恵さんはその日の午前10時以降、まったく連絡が取れなくなった。ＬＩＮＥを送っても既読にもならない。

「どこで何やってるんだ。まさか本当に浮気してるんじゃ…」

岩本は気になって食事も喉を通らなくなった。幸恵さんから連絡が来るんじゃないかと思うと、一睡もできなかった。ようやく幸恵さんから連絡が来たのは午後6時過ぎのことだった。

「お前、何やってたんだ！」

「ごめん、すぐ帰るから」

帰ってきた幸恵さんは化粧を落とし、ヘアセットも下ろした状態だった。岩本は浮気を確信した。

幸恵さんを問い詰めたところ、最初はトボけていたが、徐々に言い逃れができなくなり、客とホテルに行っていたことを認めた。

岩本の怒りが爆発した。

「殺すぞ、ゴルァッ！」

激高した岩本は幸恵さんを突き飛ばしたり、蹴飛ばしたりして、頭部を何度も壁に激突させた。

身長１８０センチの岩本と身長１４５センチの幸恵さんでは体格差がありすぎる。幸恵さんはひたすら「ごめんなさい」と謝り続け、岩本が一方的に暴力を振るっただけだった。

「お前のせいでオレはメシも食っとらん。とりあえずコンビニに買い物に行くぞ」

いったんクールダウンして、しばし追及は中断されたが、戻ってきてからはさらにひどい暴力を受けることになった。

それは暴力というよりも拷問のようなものだった。

開き直る幸恵さんに腹を立て、数時間にわたり殴り続け、逃げても追いかけ、嘔吐してもさらに殴る。血だまりのようになった床に座らせて、「床に集めた血を飲め」「早くしないと頭を刺すぞ」「オレのウンコを食うか、どっちか選べ」などと脅迫し、引き抜かれた髪をぞうきん代わりにして、血液と一緒に食べるように強要したのだ。

幸恵さんは原形が分からないほど全身が腫れ上がり、アザの上にまた濃いアザができていたほか、殴り疲れた岩本はエアガンを使い、執拗に幸恵さんを撃った。そのために皮膚に穴が開き、全身の傷は162カ所。そんな幸恵さんを置いて、再び食事に出かけ、何食わぬ顔で自身が営むキッチンカーで仕事をしていた。


その間に幸恵さんは出血性ショックで亡くなった。

そのことを夜になってから気付いた岩本は焦り、「正当防衛」「浮気殺人」「傷害致死」などをスマホで検索。暴行の様子を写した動画を削除し、幸恵さんのスマホを使って〈最低なことをしてごめん。もう死ぬ〉と謝るメッセージを送ったりしていた。

ちょうどそこへ岩本の両親が訪ねてきた。

「何があったんだ！」

「過去の男遍歴を尋ねていたらケンカになって…」

「こんなひどい状態になるまで殴る奴があるか。すぐに通報しろ！」

岩本は駆けつけた警察官に事情を聴かれ、「幸恵さんが刃物を持ち出してきたので、止めようとして10発から20発くらい殴った」と説明した。

幸恵さんは全身に複数のアザが認められ、胸の骨や肋骨が折れていた。乳首や膣にも損傷があった。

岩本は殺人容疑で逮捕されたが、これほど残虐なケースでも殺意は立証できないとして、傷害致死罪で起訴された。だが、捜査当局は岩本が削除した動画の復元に成功した。

「髪の毛食えや！」

「許したるから飲めや！」

「遅れたらガチ刺すぞ！」

暴行によって床に飛び散った血をすすらせたり、髪の毛で血を拭き取らせ、それを口に含ませたりしていたことが判明し、強要罪でも起訴された。

岩本は公判でしおらしくこう語った。

「この度は命を奪ってしまったこと、取り返しのつかないことをしてしまい、深く反省しております。一定期間の服役生活も覚悟できております。自分の言葉に重みはないかもしれませんが、今後は再犯しないように真摯に反省し、警察のお世話になったり、加害者になったりしないよう反省していきたい。本当に申し訳ありませんでした」

岩本は地元では10歳にして知らぬ者なしの悪ガキとして知られ、中学に入るとさらに素行が悪くなり、暴行、傷害、性犯罪で3度も少年院に入った。

それでも高校に進学したが、1年の夏休み前には退学。その後はホストなどをしていたらしい。

裁判所は「被告が優位に立つ交際関係の中で、意に沿わない行動を取った被害者に怒りを爆発させたことが認められる。2日間にわたる暴行はもはや拷問というべき苛烈な内容で、被害者の絶望感や無念さは想像を絶する」と断罪し、懲役12年を言い渡した。

幸恵さんの苦痛は筆舌に尽くし難いが、乳飲み子から母親を奪ったことも罪深い。

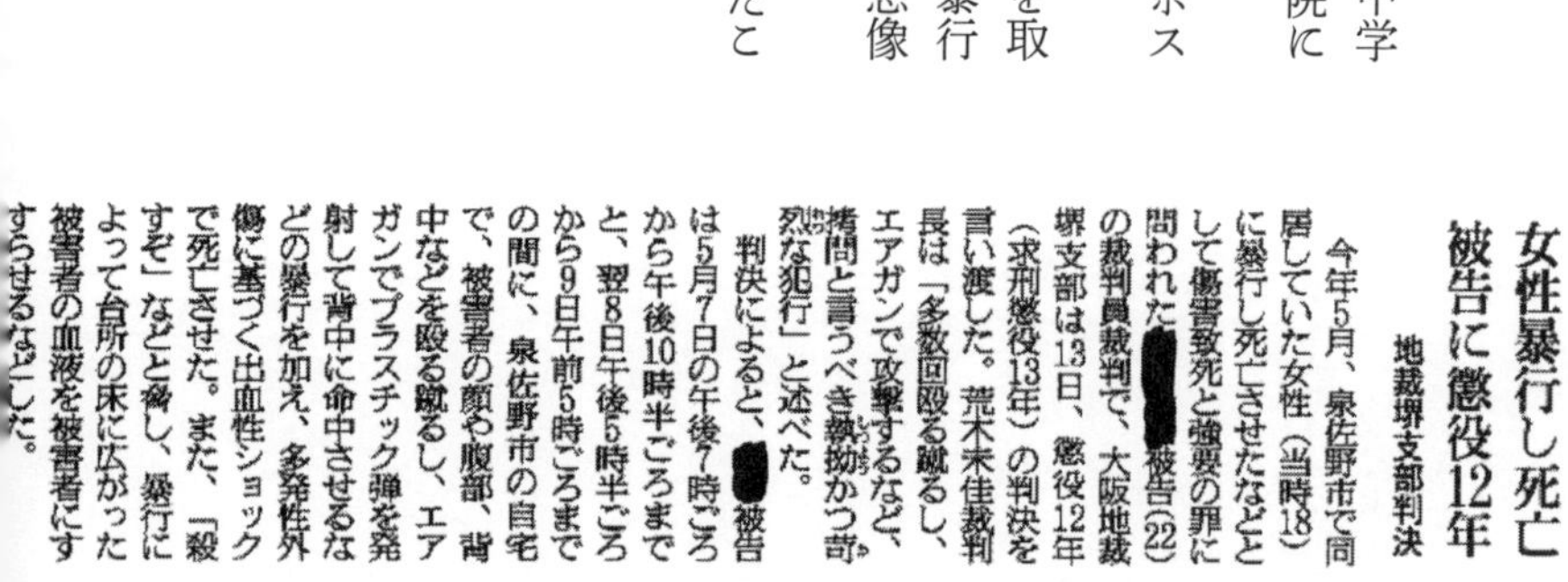

女性暴行し死亡
被告に懲役12年

地裁堺支部判決

今年5月、泉佐野市で同居していた女性（当時18）に暴行し死亡させたなどとして傷害致死と強要の罪に問われた[redacted]被告(22)の裁判員裁判で、大阪地裁堺支部は13日、懲役12年（求刑懲役13年）の判決を言い渡した。荒木未佳裁判長は「多数回殴る蹴るし、エアガンで攻撃するなど、拷問と言うべき執拗《しつよう》かつ苛烈《かれつ》な犯行」と述べた。

判決によると、[redacted]被告は5月7日の午後7時ごろから午後10時半ごろまでと、翌8日午後5時半ごろから9日午前5時ごろまでの間に、泉佐野市の自宅で、被害者の顔や腹部、背中などを殴る蹴るし、エアガンでプラスチック弾を発射して背中に命中させるなどの暴行を加え、多発性外傷に基づく出血性ショックで死亡させた。また、「殺すぞ」などと脅し、暴行によって台所の床に広がった被害者の血液を被害者にすすらせるなどした。

「朝日新聞」2023年11月14日付

第6章
サイコパス

2009年6月　神戸市兵庫区

早朝のソープ店に侵入した男のとんでもない動機

開店前のソープランド。早朝勤務のマミ嬢（33）は前日夜から部屋に泊まり込んでいた。明け方に廊下に出たときのことである。1階の廊下を物凄い勢いで突進してくる全裸の男に遭遇した。

「だ、誰？」

声をかける間もなく抱きつかれ、押し倒されてパンティーを脱がされた。相手の男は目がギラギラしていて、フーフーと荒い息を吹きかけ、明らかに正気を失っている様子だった。

いきなり男にペニスを膣に押し当てられ、何をしようとしているのか分かったマミ嬢は、とっさに「ちょっと待って」と言って、自分の陰部に唾を塗りつけた。もちろん同意したわけではない。ただ、恐怖感からそういう行動を取っただけだ。

男は前戯もなく、無言でねじ込むようにペニスを挿入してきた。マミ嬢は男を怒らせないよう、黙って要求に応じた。男はひたすら抜き差しを繰り返していたが、突如中断し、初めて口を開いた。

「お前じゃダメだ、他に女はいないのか？」

マミ嬢は震えながら、同様に前日夜から宿泊していたリカ嬢（31）の部屋を案内した。男は無言で侵入したが、寝ぼけ眼だったリカ嬢は、掃除の従業員が入って来たのかと思い、「ここの部屋はいいから」と答えたが、いきなり布団をはぎ取られ、全裸の男に襲いかかられた。

「キャーッ」

リカ嬢は仰天して逃げようとしたが、背後から腰を持ち上げられ、一瞬でパンティーを脱がされた。男は膣の位置を確認すると、すぐにバックからペニスを挿入し、マシンガンのように腰を振り始めた。

「乱暴にしないで…。お客さん、いくつなの？」

リカ嬢は少しでもその場を和ませようと、客を相手にするときのように話しかけたが、男は「黙れ、偽善者め！」と言って、ひたすら腰を振り続けた。

男は本番行為にしか興味がない様子だった。リカ嬢は「とにかく出て行ってもらうには、男を射精させるしかない」と覚悟を決め、様々なテクニックを駆使。最終的には自ら騎乗位になって、男を射精させた。


セックスが終わると、男は膣内に指を突っ込み、自分の精液をかき出し、その粘液をリカ嬢の唇にこすりつけた。

リカ嬢は男が部屋から出て行った後も、恐怖感から一歩も動けなかった。マミ嬢も同様で、店のオーナーに連絡し、保護されるまで、部屋の中で震え上がっていた。

こうして前代未聞のソープ嬢連続強姦事件は、様々な思惑や事情が絡み、発生から3時間も経ってから警察に通報されることになった。

ソープ嬢を襲った男は海自隊員の山口政義（26）だった。山口は1カ月間の外洋勤務後、2週間の休暇をもらい、地元に戻って友人たちと遊んでいた。

事件前日は昼間からシンナーを吸ってナンパにいそしみ、夜は友人たちと4人で心霊スポットの山へ車で行くことになった。

「オレは心霊現象なんて信じない。怖くもないし、興味もない」

山口は車内でもシンナーを吸い、山頂で車から降りて、2体のお地蔵さんを見たが、何も感じなかった。鼻でせせら笑って帰る途中、車内でうたた寝してしまい、ふと目を覚ました瞬間、シンナー中毒による影響からか、突然真昼に変わってしまったかのような幻覚を見た。周囲の風景が神々しい光に包まれ、「自分は天国に行き、死んでしまったのではないか」と考えたのである。

一緒に車に乗っていた友人たちも光に包まれ、生きている人間とは思えず、山口は1人で車から降りて、街をさまよい始めた。

「オレの姿は周囲からは見えているのだろうか？」

それを試すため、コンビニでカップラーメンを買ってみたが、ごく普通に対応されただけだった。それでも周囲が光り輝いている状況は変わらず、「自分は魂だけが動いているに違いない」と思い込み、「どうにかして元の世界に戻らなければならない」という強迫観念が生まれたのだ。

ソープ店に侵入する前、山口は飲食店に入り、店にいた女性のカバンをいきなり投げつける蛮行を働いた。連れの男性に「何じゃ、お前！」と恫喝され、店の外まで連れて行かれたが、「警察を呼ぶなら呼んでくれ。逮捕されれば、元の世界に戻れるかもしれない。自分は今、死んでいるんだ」と説明し、男性と話がかみ合わず、男性は怒る気力もなくなって、その場から立ち去った。

山口はそれを「自分が死んでいる証だ」と理解した。それで次に思いついたのが「女とセックスすれば、生き返れるかもしれない」という発想だったのである。


歓楽街を歩くうち、被害者のマミ嬢とリカ嬢が在籍していたソープ店を見つけた。山口は裏口のドアから侵入。最初に入った部屋で衣服を脱ぎ捨て、全裸になり、「女はいないか」と店内を探し回った。その結果、たまたま出くわしたマミ嬢を強姦、次いでリカ嬢を強姦し、店にあった花柄のワンピースを着て逃走した。

犯行後、山口は「これはすべて夢かもしれない」と思い、コンビニで全裸になり、床に寝転がるという愚行を働いた。当然のごとく、店員に注意され、また全裸で逃走。その後、近くの駅の駅員室に忍び込み、制服を着込んで外に出たが、駅員に見つかり、三度全裸になって街中へ逃走した。

山口は駅の駐輪場に放置されていた自転車を盗み、「あの山に行けば、自分の死体があって、元の世界に戻れるかもしれない」と考え、山の方角へ走り出した。その道中でラブホテルを発見し、「ベッドで寝れば、目が覚めたときに元に戻っているかもしれない」と思い立ち、山へ行くのはやめて、全裸のままラブホテルのフロントを訪れた。

「一泊したいんだが…」

「1人ではダメです」

「デリヘルを呼ぶから」

「それでもダメです」

「なぜだ?」

防犯カメラ越しに山口が全裸であることに気付いたラブホテル側は110番通報。一方、宿泊拒否に納得できなかった山口は、非常階段からラブホテルの部屋に侵入し、勝手に布団の中で寝ていた。その現場へ駆け付けた警察官に建造物侵入の現行犯で逮捕されたのである。

山口の一連の行動は店や駅の防犯カメラなどから裏付けられた。そこへソープ店からも通報が入り、山口は強姦容疑でも再逮捕された。裁判所は精神鑑定を決定。その結果、シンナー中毒による酩酊状態ではあったものの、刑事責任能力は問えると判断され、強姦と建造物侵入、窃盗罪などで起訴された。

「死んだ自分がやったことだと思っている。

早朝 風俗店奇襲!

女性店員2人乱暴

26歳 海自隊員

「死んだ自分がやった」

兵庫県警兵庫署は22日、神戸市兵庫区福原町の風俗店前のソープランドに侵入、女性店員2人に暴行したとして、強姦(ごうかん)致傷と建造物侵入などの疑いで、海上自衛隊の護衛艦[redacted]海士長[redacted]容疑者(26)=京都・舞鶴市=を逮捕した。同容疑者は暴行後、店員が衣装として使う花柄のワンピースを着て逃走。その後、ソープランドから約1・5キロ離れたラブホテルに全裸で侵入し、駆けつけた生田署員に取り押さえられた。

神戸 国の安全を守るべき海上自衛隊員が、不法侵入した高級ソープランドで、暴発した。

兵庫署によると、[redacted]容疑者は21日午前5時15分ごろ、神戸市兵庫区福原町のソープランドに、鍵のかかった玄関を引き破って侵入し、着ていた服を脱いで店内に放置。同40分ごろまでの間に、開店に備えて待機していた33歳と31歳の女性店員に乱暴、1人にはかみついて軽傷を負わせ、店員が衣装として使う女性用の下着を店から盗んだ疑い。被害者は、容疑者は花柄のワンピースを着て逃げたと話しているという。

さらに、同日午前7時ごろ、ソープランドから約1・5キロ離れた神戸市中央区のラブホテルから、全裸男が客室に侵入したと110番通報があり、駆けつけた生田署員が錯乱状態だった[redacted]容疑者の身柄を確保した。ソープランドが兵庫署に通報したのは同午前9時すぎだった。

[redacted]容疑者が女性店員2人を暴行した神戸・福原のソープランド

花柄ワンピース着て撤退

同容疑者が全裸で入った神戸・中央区のホテル

被害にあったソープランドは、ホームページによると110分で総額5万1000円の料金システム。20代34人のコンパニオンと呼ばれる女性の写真や、スリーサイズなどプロフィルが紹介されている。事件があった日曜日は、午前9時オープンとなっている。

[redacted]容疑者は調べに素直に応じているというが、「死んだ自分がやったことだ」と供述。同署では、違法薬物の使用などの疑いについても調べる。

海自舞鶴地方総監部によると、[redacted]容疑者は2007年8月に入隊。普段の勤務態度に問題はなかったという。18日から25日まで休暇を取っており、「神戸に行く」と報告していた。関係者によれば、舞鶴の隊員は休暇を利用して京都や大阪、神戸に遊びに行くことがよくあるという。

海自の広報担当者は「普通に仕事をこなしていた隊員だけに正直、驚いている。厳正に処分することになる」と話した。[redacted]艦長は「誠に遺憾です。今後、服務指導を強化、徹底し再発防止に努める」とのコメントを発表した。

さらに全裸でラブホ突入

「スポーツ報知」2009年6月23日付

とにかく生き返りたいと思っていた。2人の女性たちには協力してもらったと思っている」

山口は強姦罪で告訴されたことすら、納得がいかないと訴えた。被害者のソープ嬢たちは「あんな怖い思いをしたことはない」との言葉を残し、店を辞めてしまった。裁判所は「性的欲求を満たしたいという動機は自己中心的」として、懲役5年を言い渡した。薬物乱用の幻覚は恐ろしい。

バレエ講師の指を切断したレッスン生の四十路男

2016年7月　東京都渋谷区

「バレエ教室の女講師の指を切断した」

こんな110番通報が早朝にかかってきた。管轄の警察署員が駆け付けると、現場のバレエスタジオで講師の木村里美さん（24）が右手の親指を付け根から切断されて倒れていた。

犯人は元レッスン生の高橋敏弘（41）。「自分がやった」と認めたため、傷害容疑で現行犯逮捕した。

里美さんは病院に救急搬送され、10時間に及ぶ手術で接合に成功したが、自分の意思で指を曲げることはできなくなってしまった。

ピアニストとしても全国大会で最優秀賞を取るほどの腕前だった里美さんにとって、あまりにも痛々しい障害が残った。

2人に何があったのか。話は事件の1年前にさかのぼる。里美さんが勤めていたバレエ教室では年2回の発表会があり、それぞれの講師が担当する演目にレッスン生が申し込む形を取っていたが、里美さんが担当する『ドン・キホーテ』に申し込んできた7人のうちの1人が高橋だった。

だが、高橋は「足をもっと上げて」と指導されても、「それは何センチぐらいまで上げればよいか」まで説明しないと理解できないタイプだった。しかも、レッスンの一部始終を勝手にビデオで録画し、「それは他の練習生の迷惑になりますからやめてください」と言っても聞く耳を持たなかった。はっきり言って、困ったレッスン生だったのである。

発表会まであと1カ月に迫った頃、里美さんは希望者を集めて補講をしたことがあった。ところが、そのことを高橋が聞いていなかったため、「自分だけ直接連絡を受けていないのはどういうことなのか？」と激しく詰め寄った。

里美さんは「伝え漏れだとすれば、申し訳なかったです」と謝罪したが、その日は普段はやらない撮影チェックをしていたことを知り、高橋は再び抗議。うんざりした里美さんに「申し訳ありませんでした！」と吐き捨てるように言われ、人知れず恨みを抱くようになった。

発表会が終わった後、高橋は里美さんをつかまえて、しつこく詰め寄った。

「何かオレに言うことがあるんじゃないか？」

「もういいかげんにしてくださいよ」

「いいかげんにしろ、とはどういうことなんだ！」

高橋は里美さんを呼び捨てにし、物が揺れ落ちるほど机をたたいて激高した。その様子を見て他のレッスン生が怯え、レッスンが中断する事態にまでなったので、オーナーが高橋を事務所に呼んで問いただした。

「なるほど、それは講師の言い方も悪かったかもしれませんが、講師を呼び捨てにしたり、講義が中断するほどの騒ぎを起こしただけで、十分、入会規約に違反しています。あなたを教室に残すなら、退会すると言っているレッスン生もいる。ここはあなたが退会してもらえないでしょうか?」

高橋は「分かりました」と了承したが、それは泥沼の揉めごとの始まりにすぎなかった。

その後、高橋は前言を翻し、〈やっぱり口頭では受け付けることができない。内容証明で退会通知書を寄こしてほしい〉というメールを送ってきた。

バレエ教室側はその要求に従った。ところが、今度は〈退会した者が押し掛ければ、警察を呼ばれることもあり得ますよね。でも、それぐらいのことをやっても、すぐに出て来られる。オーナーや講師の自宅に行くことも考えられますよ〉などという脅しのメールを送ってきた。

オーナーは弁護士に相談。「こういう人間は文面でやり取りしてもラチが明かない。言葉尻を捉えて反論されるだけ。一切無視でいい」とアドバイスされ、何も答えなかった。

すると2カ月後には〈自分の行為の何が問題で退会処分になったのか、まったく理解できない。自分としては退会したと思っていないので、自粛期間が過ぎたら、また通います〉という一方的なメールを送ってきた。

オーナーは警察にも相談したが、「まだ何も起きていないなら、何もすることはできない」と言われただけだった。

そんな中、公開していないはずの里美さんの自宅の玄関ドアに《I'll be back》の文字と、中指を立てた絵が描かれた紙が貼られるという〝事件〟が起こった。

バレエ教室側はこれ以上のトラブルを避けるため、高橋に「これまでのレッスン料を返却する」との連絡を入れ、誠意ある対応で解決を図ろうとした。

するとそれっきり高橋からの連絡はなくなった。バレエ教室側はホッとしていたが、実際は高橋の怒りが消えたわけではなかった。それから半年間、フツフツと負のエネルギーをため込んでいたのである。

高橋はイライラが収まらず、仕事を続けられなくなった。気晴らしにロシアへ行き、バレエ鑑賞したが楽しめず、「こうなったのはすべてあいつが悪い」と考えるようになった。

頭に浮かんだのはボコボコに殴ることだったが、よくニュースで容疑者が「殺すつもりはなかったのに、死んでしまった」と供述しているのを見て、「あんなに華奢な女を殴ったら、本当にそうなりかねない。死ぬまでのことはやらないんだったら、指を切ろう」と思い立った。そのための道具として金づちとたがねを用意した。

事件当日、高橋が朝一番でバレエスタジオを訪れると、里美さんが1人でスタジオのセッティングの準備をしていた。里美さんは反射的に振り向いて「おはようございます」とあいさつしたが、それが高橋だったので怪訝な表情を浮かべた。

「何しに来たんですか?」

「オレが何で怒っているのか分かるか?」

「それは何度も説明しましたけど、私が意図的に連絡しなかったと思われているなら、それは誤解です」

高橋はジェスチャーでスタジオの端の方へ行けと指示し、里美さんの髪を引っ張り上げ、ヘッドロックをかけて床に押し倒した。

「何するんですか！」

さらに高橋は里美さんに馬乗りになり、ギュウギュウと首を絞めてきた。

（こ、殺される…）

誤解を与えたにしろ、どうしてここまでされなければならないのか。里美さんは涙目で高橋を見上げながら、やがて意識が遠のいていった。

一方、高橋は持参した金づちとたがねを取り出し、小指の上に押し当てた。だが、それでは指が細過ぎて薬指まで切ってしまいそうだったため、親指を切ることにした。スコンと金づちでたたくと、簡単に切れた。ここまでは想定の範囲内。仕事を辞め、自宅を引き払い、退路を断っての計画的犯行だった。

高橋が自ら110番通報しているとき、里美さんが目を覚ました。慌てて逃げようとしたが、捕まえられ、組み伏せられた。里見さんは自分の指がなくなっているのに気付きパニックになった。

「ない、ない、私の指がない…、ウギャーッ」

高橋はこれだけひどいことをしておきながら、「侮辱されたんだから、当然の仕返しだ」と開き直った。

「実行すれば、間違いなく刑務所に行くとは思ったが、泣き寝入りするのは違うと思っていた。逮捕後、刑事や検事に『怒ったことは分かったが、やり過ぎ』と言われ、留置場でもみんなに『それは怒るわな。でも、やり過ぎじゃね？』と言われ、『そうかな』とも思った。確かに切った後もスッキリした気分にはなれなかったし、今はやらなければよかったと思っています」

悲惨なのは現場となったバレエ教室だ。退会者が続出し、売り上げは激減。わずか2週間で閉鎖することになった。経済的な損失も計り知れない。

一方、里美さんは高橋から100万円の賠償金を提示されたが、受け取りを拒否。懸命にリハビリを重ね、講師復帰の道を探している。

こうした男は、どうすればよかったのか。

高橋自身は「最初の時点で『伝え忘れた。ごめんなさい』と言われれば、それで何もなかったのに…」などと話しているが、裁判所は「あらかじめ凶器を準備し、計画的に指を切断した犯行は残酷の一言につき、被害者が厳しい処罰感情を訴えるのも当然だ」と断罪し、懲役4年6カ月の実刑判決を言い渡した。

バレエ講師指切断　41歳元生徒逮捕

退会巡りトラブル

6日午前8時40分ごろ、東京・渋谷のバレエスタジオで、男から「女性の指を金づちと工具で切断した」と110番があった。警視庁渋谷署員が駆け付けると、バレエ講師の女性(24)が右手の親指を付け根から切断されて倒れていた。現場にいた元生徒の男が「自分がやった」と認めたため、傷害容疑で現行犯逮捕した。渋谷署によると、男は住所不定、無職・[redacted]容疑者(41)。「練習の時間を教えてもらえないなど、嫌がらせをされた」と供述している。退会を巡ってスタジオ側とトラブルになっており、同署は経緯を調べている。

[redacted]容疑者は14年11月にスタジオに入会したが、昨年9月、レッスン中にこの女性に暴言を吐いたり、物をたたいたりしたため、スタジオ側が10月、弁護士を通じて内容証明で退会処分を伝えた。[redacted]容疑者は「納得できない」と経営者にメールを送り、スタジオ側は12月、神奈川県警伊勢佐木署に相談していた。

[redacted]容疑者は「6日は、女性が1人でスタジオを開けるのを知っていた。命に支障がないよう、指を狙った」とも供述。女性は「馬乗りになって首を絞められ、失神した。気が付いたら指を切断されていた」と話している。

「スポーツ報知」2016年7月7日付

2019年7月　岐阜県郡上市

知的障害のある女性を誘拐してレイプした鬼畜

サイコパスは恥の概念、罪の意識が欠落し、自分が見定めた目標を冷静に完遂すると言われるが、良心の呵責すらないのだろうか。

犯人の橋本純（27）は自動車会社社員だった。橋本の実家近くにはNPO法人が運営する知的障害者のためのグループホームがあった。

そこには若い女性も多数いて、橋本は「いつか機会があったら、イタズラしてみたいものだ」とたくらんでいた。

事件当日、衝撃的な出来事から、それは発覚した。被害者のA子さん（25）は、知的水準が7歳8カ月という中度の知的障害者。毎朝8時から夕方4時まで、就労施設に電車で出勤し、野菜のスライスや袋詰めなどの軽作業をしていた。

出勤していたのは仲間の男女3人も一緒で、それぞれ知的水準が8歳8カ月の53歳男性、6歳2カ月の57歳男性、11歳6カ月の19歳女性だった。

いつもは4人で出勤し、4人で帰ってくるのに、なぜかその日はA子さんだけがいなかった。NPO法人の理事長が残りの3人に事情を尋ねても要領を得ず、「駅までは一緒にいた。売店でアイスを買って食べた。線路を渡って帰りのホームに移動し、電車に乗ろうとしたとき、A子さんがいないのが分かった。『どうしたんだろう?』とは思ったが、電車に乗らなければならないので、先に帰ってきた」とのことだった。

理事長が心配して、最寄り駅の近くまで様子を見に行ったところ、服装が乱れて、下着も露出しているA子さんが、泣きながら歩いているのを発見した。

「どうしたんだ?」

A子さんは相当混乱していたが、性的被害に遭ったのは明らかだったので、すぐに110番通報した。実はA子さんは過去にも性的虐待を受けた経験があり、警察官にも「膣に陰茎を挿入された」ということは説明できた。

警察がA子さんたちの当日の行動を調べたところ、就労施設から4人で駅に向かって歩いている様子は周囲の防犯カメラから確認された。

A子さんたちが交差点を渡ろうとしているとき、1台の黒い軽自動車が通り過ぎ、それが橋本の所有する車であったことがのちに判明した。さらにその車は駅のロータリーにも駐まっていた。

4人が駅のコンビニでアイスクリームを買っていたとき、橋本が店内にいたことも確認された。

橋本はA子さんに目をつけ、他の3人から離れたところを狙い、お尻を触っても文句を言わなかったことから、こう声をかけた。

「僕もホームの近くに住んでいるんだ。車で送っていってあげるよ」

疑うことも、不審に思って断ることもできないA子さんは、橋本に導かれるままに車に乗った。

橋本はほくそ笑んで発進。5分ほど車を走らせたところで、人気のない路上で車を止めた。

「キスしていい？」

「えっ」

「なァ、いいじゃん」

A子さんの髪をつかんで向き直らせると、いきなり唇を押しつけた。

A子さんはとっさの反応ができない。頭の中がパニックになると、抵抗することも声を出すこともできなくなってしまい、すぐ泣いてしまう。そんなA子さんの口腔内を舐め回し、A子さんがかろうじて唇を振り払おうとすると、橋本は激怒した。

「ングッ、ムムム…」

「ゴルァ、ちゃんとやらんか！」

さらに橋本はA子さんのバストをメチャクチャに揉みまくった。握り潰され、引っ張られ、擦り合わされる。胸をはだけさせると、顔を乳房にグイグイと押しつけ、むさぼるように舐めまわし、しゃぶりつき、吸いついた。

さらに下半身へと手が伸びる。A子さんはパンティーを脱がされ、橋本が持参していたローションを塗り込められた。クリトリスから尿道口へ、そしてヴァギナへ、アナルへと、指の往復が始まった。やがて2本の指がヴァギナの奥へ消えた。橋本はさらに奥を目指して、グイグイとかき回した。

「痛いッ！」

思わず悲鳴を上げると、また橋本は激怒した。

「何だァ、ふざけやがって…。殺すぞ、お前！」

「ごめんなさい…」

「二度とそんな生意気な口を利くんじゃねえ、分かったか！」

橋本はA子さんの髪をつかんで、グイと絞り上げて、恐怖にわななくA子さんの顔面に平手を飛ばした。A子さんの頬には真っ赤な手形がむごく残った。

A子さんは言葉を発することもできなくなった。カクン、カクンと首をうなずかせるばかりだ。まだ発作が収まらないA子さんに対し、橋本はシートを倒して覆いかぶさった。

狂おしく勃起するイチモツをヴァギナに押し当て、ズルリと挿入すると、橋本は勝ち誇ったように言った。

「入った。うへへ。ハマッたぜ、どうだ、気持ちいいだろ？」

「うう…」

「もう逃げられないぜ、ほら、こんなにピッタリ、ハマッちゃったもん」

埋め込んだペニスを誇示するように腰を動かす。前後に反復運動しながら、勢いよく弾んでいる乳房を強く揉むと、A子さんはいっそう激しく泣き出した。

「よーし、中に出すから、しっかり受け止めろよ」

橋本は胎内でトドメの体液を放った。熱い粘液がはじけ飛び、膣内がヌルヌルに汚されていった。

「あああ…」

A子さんは絶望的な声を漏らした。この一連の凌辱の際に、全治1週間の膣挫傷を負った。

コトが済むと、橋本は車を運転し、グループホーム近くのドラッグストアの駐車場でA子さんを解放した。

そこからの帰り道も分からないA子さんは、1人でオロオロした。とりあえず歩き出したところで、理事長に発見され、駆け寄ってきた姿を見て、号泣してしまった。

警察の捜査が始まり、車のナンバーから橋本が浮上した。A子さんは面通しで「この人に間違いない」と証言した。

もう一つ救いになったのは、4人の中では最も知的水準の高い19歳女性が、はっきりと橋本の存在を認識していたことだ。

「駅のコンビニに入るとき、店の外で電柱にもたれかかって、スマホをいじっている男性がいた。アイスを買ってホームに向かうと、男性も一緒に付いてきた。何かこちらをチラチラ見ていた。時刻表を確認すると、すぐに出て行った。その直後にA子さんがいないことに気付いた」

橋本は強制性交致傷とわいせつ目的略取、監禁の疑いで逮捕された。調べに対し、「挿入はしていない。イタズラしたかっただけだ」などと供述した。

だが、A子さんの膣内から検出された精液は橋本のDNAと一致した。陰部から陰毛も検出されたが、それも橋本のDNAと一致した。

A子さんの供述は一貫しており、知的障害者であることは関係なかった。

裁判所は「事前に痴漢行為をして、抵抗しないことを確認してから犯行に及んでおり、卑劣で悪質。知的障害者だから理解できないだろうと考え、女性の心神喪失状態に乗じたもので、女性が受けた精神的苦痛は計り知れない」と断罪し、懲役8年を言い渡した。

1人の女性に対するレイプ事件の量刑としては重い方かもしれないが、こんな卑劣なレイプ魔にはそれでも生ぬるいだろう。

準強制性交致傷被告に懲役8年

岐阜地裁判決

昨年7月、郡上市内で知的障害がある当時25歳の女性をわいせつ目的で誘拐し、性的暴行を加えたとして、準強制性交致傷などの罪に問われた無職[redacted]被告(28)の裁判員裁判の判決公判が7日、岐阜地裁で開かれ、入江恭子裁判長は懲役8年（求刑懲役10年）を言い渡した。

判決理由で入江裁判長は「女性の供述は一貫している」とし、性交行為は未遂だったとする被告の主張を退けた。事前に女性に痴漢行為をして抵抗しないことを確認していたことから、「障害者だから理解できないと考えて犯行に及んでおり、卑劣で悪質。女性の精神的苦痛は計り知れない」と指摘した。

判決によると、被告は昨年7月2日、郡上市内の駅で女性を車に乗せて誘拐し、車内で女性に性的暴行を加え、全治約1週間のけがを負わせたとしている。

「岐阜新聞」2020年7月8日付

2023年5月　滋賀県大津市

同居する3人の女性を軟禁していた男

被害者のルミさん（26）と森尾剛（43）はルミさんが働く飲食店の客として知り合い、事件が発覚する4カ月前から付き合うようになった。「設備業と通販事業をしている」という森尾は羽振りが良かった。遠方へ旅行に行ったり、テーマパークに連れて行ってもらったりして、楽しい日々を過ごした。

それから1カ月ほど経った頃、森尾から同棲を持ちかけられた。

「もうオレも身を固めたい。オレと一緒になってくれ」

ルミさんは情熱に押されて、その申し出を了承した。森尾が「専業主婦として家事をして欲しい」と言うので、仕事も辞めた。

ところが、森尾の自宅には従業員だという女性が2人住んでいた。それがケイコさん（36）とミユキさん（37）だった。

「あいつらのことは気にしなくていいから。行き場がないと言うんで、住み込みで雇ってやっているんだ」

森尾が言うようにケイコさんもミユキさんも文句一つ言わず、黙々と働いていた。ケイコさんとミユキさんが何も言わないので、敵か味方かも分からず、ルミさんは戸惑った。

だが、その理由が次第にはっきりしてきた。

「何年、何にもせんと食わしてもらいよるんや。お前らに総額1000万円くらいおごってんやぞ。それを何でそんな態度取られなあかんねん。蹴り殺すぞ！」

それは単なる脅しではなく、ケイコさんやミユキさんを容赦なく殴った。息をするように「アホ、ボケ、カス」と暴言を吐いた。

ケイコさんとミユキさんは森尾の言動に怯え、マインドコントロールされているかのように、逆らえない雰囲気だった。

それはルミさんの身の上にも振りかかってきた。同棲してまだ1カ月も経たない頃、ルミさんが好きな韓国人歌手のことで難癖をつけられ、パイプ椅子で4～5回殴られ、全治3週間のケガを負った。また、その1カ月後には車の中でケンカになり、髪を引っ張り上げられ、腹部を蹴られるなどして全治4週間のケガを負った。その際にハサミを取り出し、「親指を切り落とすぞ！」などと脅された。

しまいには3人まとめて怒られるようになり、「お前もじゃコラぁ、真剣にやれよ、おい、金出しとんじゃアホ、ヘラヘラ遊びに行ってしゃべってたらぶち殺すぞ！」などと脅され、ルミさんは面食らった。

（もう別れよう…）

ルミさんは意を決して別れ話を切り出したが、森尾は承服せず、その際にルミさんが「海外旅行に行ったことがない」とウソをついたことがバレて、異常なほど怒られた。殴る蹴るの暴力が始まり、ケイコさんとミユキさんは巻き添えを恐れて脱衣所に逃げていたが、後から「大丈夫？　彼の暴力は異常なの。証拠を動画で撮っておいたから」と言われ、2人が味方だと分かった。

「ケイコさんとミユキさんはなぜここで住み込みで働いているのですか?」

「働いているわけじゃないのよ。あなたと同じよ。私たちも元交際相手だったの。何度も別れ話をしたし、何度も逃げようとしたわ。でもダメ…、捕まって連れ戻されちゃうの」

一番古株のミユキさんは16年前、働いていたパチンコ店の常連客として森尾と知り合った。当時21歳。家族と暮らしていたが、一人暮らしをするように勧められ、そこに森尾が出入りするようになり、「親と連絡を取るな」などと言われ、アパートを引き払って森尾と暮らすようになった。

それからは異常な管理が始まり、少しでも森尾が気に入らない行動を取ると、暴力を振るわれた。「お前のためにやってんだ」が口癖で、「アホ、ボケ、カス」と繰り返し、抵抗する気力がなくなるまで殴られた。

26歳のとき、ミユキさんは一大決心を固めて森尾のもとから逃げ出した。だが、森尾に見つかってさらなる暴行を加えられ、「今度逃げたら親にも危害を加えるぞ」と脅された。

さらにミユキさんを知り合いの司法書士のところへ連れて行き、金を返すことや暴力は振るわれていないという「確認書」を作成され、署名押印させられた。「これでもう逃げる選択肢がないと思った」というのがミユキさんの事情だった。

ケイコさんは11年前に森尾と出会い、職場のパワハラを相談したところ、行政書士を紹介され、仕事を辞めることになった。

それをきっかけに森尾との交際が始まり、同棲を持ちかけられた。すでにミユキさんが住んでいたアパートで一緒に生活することになり、ルミさんと同じように「あれは住み込みの従業員だから、気にすることはない」と説明された。

だが、ケイコさんも森尾の指示に従わないと暴力を振るわれるようになり、精神的にも逆らえないような心理状態に陥っていった。「逃げたら殺されると思い、逃げられなかった。家族との面会も禁じられていた。窮屈で息苦しい毎日を過ごしていた」というのがケイコさんの事情だった。

(とにかくここから逃げなきゃ…)

ルミさんは暴力を振るわれるたび、その証拠の動画をケイコさんやミユキさんに撮ってもらうなどして、証拠を集めた。

逮捕の前日、ルミさんは森尾が外出した隙に決死の覚悟で警察署に電話した。

「同居している男に暴力を振るわれているんです」

「何とかしてそこから逃げてください」

「逃げたら殺されます。通報したことがバレれば、また暴力がひどくなる。だから、探さないでください。電話もしてこないでください」

「落ち着いて。我々は必ずあなたを救出します。あなたの名前と男の名前、大まかで結構ですので、住所も教えてもらえますか?」

それだけ答えると、ルミさんは怯えた口調で言った。

「もし大ごとになったら、私から電話があったことを思い出してください…」

電話は2分足らずで切れた。その後の捜査で、ルミさんの親族から3カ月前に行方不明者届が出ていたことが判明した。翌日、警察は森尾の自宅を特定し、10人以上の捜査員で踏み込んだ。

「違う…、私じゃない。私は通報していない！」

警察が助けに来たのに、ルミさんは森尾の報復を恐れて錯乱状態になった。

約3時間に及ぶ説得で4人は警察へ。ルミさんのスマホから腕にアザがある写真が見つかり、まずはルミさんに対する傷害容疑で森尾は逮捕された。

さらにケイコさんとミユキさんに対する脅迫容疑でも逮捕された。一連の森尾の犯行は6つの犯罪事実にまとめられ、暴力行為等処罰法違反の罪で起訴された。

法廷に現れた森尾は、凶暴なサディストとは思えないほど憔悴しきっており、泣いて謝罪を繰り返し、「後悔していますし、反省しています。10年以上一緒にいる中で調子に乗っていた部分はあった。でも、支配関係にはなかったと思う。何か頼んでもイヤなことは断られていたし、家の中ではみんなリラックスしていた。買い物に行ったり、沖縄にも行ったし、ディズニーランドにも何回も行った」などと言い訳した。

元交際相手がいる家に新たな交際相手を同居させるいびつさについては、「その時その時に理由があったが、今考えると『おかしいことをしてるな』と思う。ただ、当時は『自分は正しいことをしている』と思っていた」などと説明した。

裁判所は「親が監督の意向を示し、更生の意欲があるものの、暴力的行動が根深く、自身の問題点への認識が甘い」と断罪したが、懲役3年、保護観察付きの執行猶予5年という甘い判決を言い渡した。

一方、被害者の女性たちは3人とも「二度と会いたくない」と口を揃えている。女性が人生で最も開花するはずの20代を奪った罪深さは感じているのだろうか。

同居2女性脅迫疑い

大津北署　男逮捕、精神的に支配か

同居の女性2人を「蹴り殺すぞ」などと脅したとして、大津北署は28日、大津市本堅田2丁目の設備業、[redacted]容疑者(43)を脅迫容疑で逮捕し、発表した。[redacted]容疑者は女性計3人と同居しており、署は精神的に支配していたとみて調べている。

署によると、[redacted]容疑者は5月9日午後3時40分ごろ、大津市内の自宅で、同居する37歳と36歳の女性2人に対し「何年、何にもせんと食わしてもらいよるんや」「蹴り殺すぞ、こらぁ」などと怒鳴り、脅迫した疑いがある。「記憶にありません」と容疑を認めているという。

大津北署は5月19日、同居する別の26歳の女性に対する傷害容疑で[redacted]容疑者を逮捕し、6月8日に同容疑などで再逮捕していた。

[redacted]容疑者は、37歳の女性とは約16年前、36歳の女性とは約11年前から同居。2人は事務員として働き、月に計25万円ほどを生活費として受け取っていたという。26歳の女性とは約4カ月前から同居していたという。

5月17日、26歳の女性が大津北署に「男から暴力を振るわれている。逃げ出しても捕まる」と電話で相談。警察官が[redacted]容疑者の自宅を訪ねると、女性は「大丈夫、何もされていない」と話したという。自宅には37歳と36歳の女性もいた。

[redacted]容疑者が傷害容疑で逮捕された後も、県警の調べに女性らはおびえた状態だった。37歳と36歳の女性は「これまで暴力を受け、逃げ出したら脅され、連れ戻された」と話した。自宅に外から鍵はかかっていなかったが、[redacted]容疑者に精神的に支配されている状況だったという。

「朝日新聞」2023年6月29日付

2023年7月　北海道札幌市

引きこもりの果てに「首狩り娘」に成長した女

如月莉緒（29）は小学校2年生ごろから学校を休みがちになり、中学入学後は一切登校ができなくなった。

父親（59）は名医といわれる精神科医で、母親（60）も国立の教育大卒の才媛。両親は幼少期から娘を溺愛して育てたが、事態は好転せず、中学3年生からはフリースクールに通わせた。

だが、フリースクールにはほとんど通えず、この頃から人体の構造に異常な興味を持ち始め、頭蓋骨の模型などを部屋に飾るようになった。

18歳ごろになると、完全な引きこもりになり、昼夜逆転の生活を送った。そればかりか自殺未遂を繰り返すようになり、「如月莉緒は死んだ」「如月莉緒の体には5～6人の魂が入って、体を借りているだけ」と言い出した。両親は娘を「莉緒」と名前で呼ぶことを禁じられ、「お嬢さん」などと呼び、敬語で話さなければならなくなった。

莉緒はその時々で話し方や様子が別人のようになるときがあり、時折虚空を見つめて、妄想上の恋人と会話をするようになった。自分のことを「シンシア」と名乗り、妄想上の恋人のことを「ジェフ」と呼んでいた。

その「ジェフ」にプロポーズされたので、自宅で結婚式を挙げることになった。両親は莉緒の指示通りに装飾品を置き、リビングにカーペットを敷いて、莉緒がお香を焚いたり、音を鳴らす様子を列席して見守った。

精神科医でもある父親は、莉緒の精神が不安定にならないよう、莉緒の妄想に対して、肯定も否定もしないスタンスだった。莉緒は精神が不安定になると、意味不明な言葉を叫び、自宅の壁を殴って穴を開けたり、自傷行為やオーバードーズ（医薬品等の決められた容量を守らずに過剰摂取すること）を繰り返すようになり、「これ以上生きていたくない。早くお迎えが来てほしい」と訴えるようになった。

本人の精神状態が壊れると取り返しがつかない。両親は追い詰めないような関わりをするのが望ましいと考え、莉緒の希望はできるだけ叶えるようにしていた。

しかし、莉緒はゴミも含め、物を捨てることも嫌がるようになった。自分の物を触られることも極端に嫌がるため、両親は莉緒が置いた物を移動させることさえできなかった。自宅は足の踏み場もなくなり、リビングは母親が寝起きするスペースを確保するのがやっと。父親は自宅で寝るスペースを取ることができず、ネットカフェで寝泊まりしていた。このように家族の中で

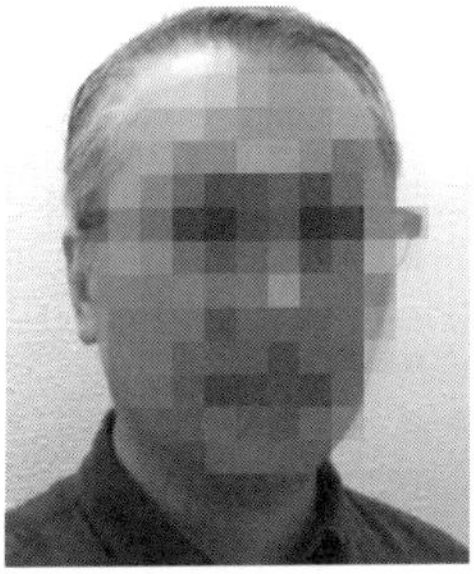

精神科医の父親

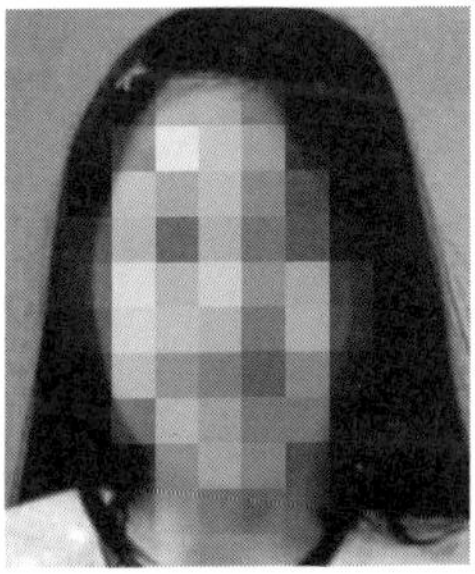

首狩り娘に成長した娘

は莉緒が圧倒的な上位者になり、わがまま放題に振る舞い、両親は奴隷扱いされても叱ることはせず、「莉緒ファースト」の親子関係が形成されていった。

莉緒は数年前からホラー映画やSMに興味を持つようになった。それまでずっと引きこもりの生活を送っていたが、事件の半年ほど前から怪談バーなどに繰り出すようになった。父親は送迎を担当し、夜通し遊ぶ莉緒に徹夜で付き合った。

事件の1カ月前、莉緒の希望であるクラブの閉店イベントに父親が連れて行くことになった。午前3時ごろ、父親が莉緒をイベントに連れて行き、母親は自宅で過ごしていた。

午前7時半ごろ、父親から「莉緒がクラブで知り合った人と意気投合した」と連絡が入った。母親は莉緒が初めて自力で友達を作ることができたと喜んだ。

その相手が女装愛好家のAさん（62）だった。莉緒はカラオケに誘われ、ラブホテルに入った。性行為の同意はあったというが、Aさんが避妊しないでセックスしようとしたため、莉緒が「約束が違う」と激怒した。その場はうやむやになったが、あとから父親に付き添ってもらってアフターピルを処方してもらった。

莉緒は怒ってはいたものの、「Aさんが謝ったら許してあげる」とも発言するようになり、何軒かクラブを回ってAさんを探し出し、事件当日にもう一度会う約束をした。両親はトラブルのあった相手にもう一度会うことに難色を示していたが、莉緒がとても楽しみにしている様子だったので、それ以上は何も言えなかった。

事件当日、父親は公衆電話からAさんに電話をかけ、莉緒と会わないように頼んだ。だが、「向こうも会いたがっているわけだから」と拒否されたため、それならせめて莉緒が嫌がることはしないでほしいと頼んだ。

事件当日の夜、Aさんはディスコイベントに参加した後に莉緒と合流して、2人でラブホテルに入った。入室早々、全裸になったAさんを浴室に誘導した莉緒は、SMプレイを装ってアイマスクでAさんの視界をふさぎ、両手を後ろ手にして手錠をかけた。そして、ハンディカムを用意した。

「お姉さんが一番、反省しなきゃいけないのは、私との約束を破ったことでしょ」

言葉と同時に莉緒の殺意が爆ぜた。刃渡り約8・2センチの折り畳みナイフをAさんの背後から右頸部に何度も突き立てた。Aさんは出血性ショックで死亡した。その後、莉緒は用意していたノコギリを使い、約10分でAさんの頭部を切断した。胴体もキャリーケースに詰めようとしたが入らず、入室から3時間後、頭部を黒いビニール袋に入れ、父親の車を呼び出したのだった。

自宅に着く直前、莉緒が「パーティー用の氷袋が欲しい」と言うので、コンビニに寄った。数袋買って自宅に帰り、莉緒が浴室で黒いビニール袋を取り出したので、「それは何?」と聞くと、「首。拾った」と答えた。父親は思考が追いつかず、頭が真っ白になった。莉緒が冗談を言うわけがないので、それが本当の首なら被害者の首だと思った。

事件翌日、チェックアウトの時間を過ぎても出てこない部屋に清掃に入った従業員が浴室で死んでいるAさんを発見。通報で駆け付けた救急隊員が首なし遺体であることを確認した。

当初、警察はAさんが女装姿でイベントに参加していたことから、同性愛者もしくは性的少数者の犯行の可能性を重視して交友関係を洗っていたが、容疑者が浮上しなかった。あらためて現場周辺のクラブなどで聞き込みを徹底したところ、Aさんが性的少数者を装って若い女性のナンパを繰り返し、苦情が続出してクラブを出入り禁止になるなど界隈のトラブルメーカーだったことが分かった。中でも深刻なトラブルに発展していたのが莉緒に対する性的暴行疑惑だった。莉緒は容疑者の最右翼に浮上した。

一方、莉緒は生首から左眼球、舌、食道などを摘出し、ガラス瓶に目玉を保存し、「目玉が入っているから見て」と母親に見せびらかし、母親の寝床近くに置くよう命じた。

父親も同様に人体の一部分、舌の一部と眼球らしいものが入ったガラス瓶を見せられ、「どう?」と感想を聞かれた。「びっくりした」「すごいね」などと言って、適当に生返事した父親に対し、「用事があるから来て」と言って浴室に連れて行き、ハンディカムを持たせた。

「これから作業するから撮影してほしい」

そこには目や口の周りに穴が空いている頭部が置かれていた。莉緒は目の周りの組織に切れ目を入れ、メスのようなもので手際よく右眼球をくり抜いていた。

また、別の日には「私の作品を見て」と言われた母親が浴室に行くと、ワイヤーに吊るされたザルに人間の皮が被せられていた。莉緒は「ドライバーさんにも見てほしいから」と言って父親を呼んでいた。自宅に頭部があるということは、両親にとって言葉で言い尽くせないストレスを生んだが、それでも莉緒の精神状態の悪化を恐れ、警察に通報できなかった。

事件から3週間後、莉緒は死体損壊容疑などで逮捕された。両親は逮捕されるのは莉緒だけだと思い込んでいたが、いずれも事件の共犯者として逮捕された。

莉緒は殺人と死体損壊、死体領得、死体遺棄の罪で起訴。父親は殺人ほう助罪などで起訴。母親は死体遺棄と同損壊ほう助の罪で起訴された。

父親は「本人にやめなさいと言っても、やるだろうと思った。逮捕されることは分かっていた。不穏当だが、その日までは穏便に時間が過ぎるのを待ちたかった」と述べ、母親は「犯行を容認して、ほう助したのは違います。犯罪を手伝う意思はなく、損壊を手助けするつもりもまったくありませんでした」と述べた。

もはや子育ての失敗どころではない。あ然として、言葉も見つからない。

札幌ホテル殺害 親子起訴
娘は殺人罪、両親はほう助罪

札幌市の繁華街ススキノのホテルで昨年7月、男性会社員＝当時(62)＝が殺害され頭部が切断された事件で、札幌地検は6日、殺人と死体損壊、死体領得、死体遺棄の罪で、無職[redacted]容疑者(30)＝同市厚別区＝を起訴した。父親で同居していた精神科医の[redacted]容疑者(60)を、[redacted]被告の行為を手助けしたほう助の罪で、母親の[redacted]容疑者(61)を死体遺棄と同損壊のほう助罪で、それぞれ起訴した。

地検によると、[redacted]被告が自宅に持ち帰った頭部をさらに損壊し、[redacted]被告がその様子を撮影、[redacted]被告も容認していた。地検は2月28日までの半年間、3人を鑑定留置した上で刑事責任を問えると判断した。地検は3人の認否を明らかにしていない。

北海道警は3人で殺害などを共謀したとする容疑で逮捕。[redacted]被告と男性のトラブルが事件につながったとみられる。捜査関係者によると、[redacted]被告には男性を殺害する動機がなく、[redacted]被告は計画を事前に知っていたと断定できないことから、地検は共謀を認定できないと判断。[redacted]被告の殺人容疑について不起訴とした。

起訴状によると、[redacted]被告は昨年7月1日午後11時15分ごろ、北海道恵庭市の会社員[redacted]さんの首をナイフで刺して殺害し、首を切断。2日未明にキャリーケースに入れて自宅に持ち帰った。また[redacted]被告は6月から7月にかけて7回にわたり、事件で使用したのこぎりやケースなど計12点を買い与えたほか、事件当日には[redacted]被告を車で送迎。殺害6日後には、頭部が損壊される様子を撮影していた。[redacted]被告は、[redacted]被告が頭部を自宅に隠すことや遺体を損壊する様子を撮影することを容認していたとしている。

札幌の頭部切断事件の構図
※起訴状などによる

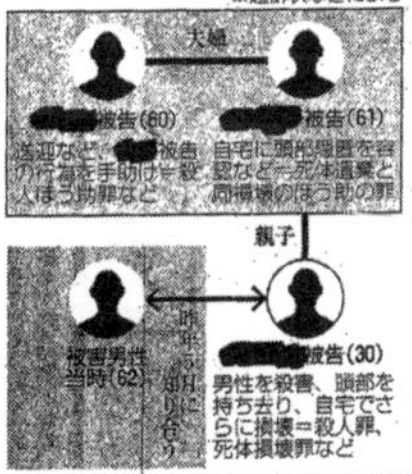

猟奇的な事件 なぜ加担

札幌・ススキノのホテルで男性を殺害したなどとして、[redacted]被告ら親子3人が起訴された。遺体を切断し自宅に持ち帰るという猟奇的な事件の解明の舞台は公判に移る。両親が加担していった背景には娘との独特な関係が影響した構図が浮かぶ。

遺体発見は昨年7月2日午後3時ごろ。その後、1日午後11時前に別の人物が男性と一緒に入室し、2日午前2時ごろ退出したことが判明した。ホテル周辺の防犯カメラにはキャリーケースを引いて歩く姿が写っていた。札幌地検によると、中に切断された男性の頭部が入っていた。

北海道警は7月下旬、死体遺棄などの疑いで、入室した[redacted]被告と、父で精神科医の[redacted]被告、母の[redacted]被告を相次いで逮捕。頭部は3人の自宅浴室で見つかった。この約3週間に、[redacted]被告がさらに損壊する様子を[redacted]被告が撮影。その希望を取り次いだのは[redacted]被告だった。

[redacted]被告と男性とは昨年5月、ススキノにあったダンスクラブの閉店イベントで知り合い、トラブルになったとみられる。イベントには[redacted]被告が同行していた。

捜査関係者によると、両親の間では[redacted]被告を「女王様」と呼ぶこともあったという。一方、両親は昨年9月の鑑定留置理由開示手続きで「娘が事件を起こすつもりとは知らなかった」と関与を否定していた。

元検事の高野俊太郎弁護士は「両親の行為がほう助罪に問えるかは争う余地がある」と指摘した上で「親子の関係や被害男性との間に何があったのかが[redacted]被告の動機の解明につながる。検察側と弁護側双方の立証の要になるだろう」と話した。

「東京新聞」2024年3月7日付

第7章
被害者の闇

2014年2月　東京都武蔵村山市

トラブルメーカーのドS女を退治したキャバクラ運転手の義侠心

事件の1年前、岩崎康太（35）と角田裕子（35）は同じ店に勤める運転手とキャバクラ嬢という立場で知り合った。まもなく裕子が妹のように可愛がっているという沢口知佳（32）も入店してきた。岩崎は知佳に一目惚れし、密かに思いを寄せるようになった。

裕子が店を辞めることになると、岩崎はますます知佳に接近した。だが、それに気付いた同店店長は「従業員同士の恋愛は禁止だ！」と一喝し、殴る蹴るの暴行を働いた。

その一件を聞いた裕子は「そんなものは黙ってる必要はない。私の知り合いの弁護士を紹介してあげるから、慰謝料を取るべきだ」と勧めた。岩崎としてはコトを荒立てたくないと思っていたが、話をどんどん進めてしまい、結果としてその申し出を断ることになった。

「何で私の言う通りにしないのよ！」

これが岩崎と裕子のトラブルの始まりだった。裕子は自分の思い通りにならないとイライラし、特に味方と思っていた人間に裏切られると怒りが収まらないタイプだった。

そのため、自分の同棲相手とはしょっちゅうトラブルを起こしていた。裕子はバツイチで、前夫との間にできた5歳の娘がいたが、現在の同棲相手と知り合って、すぐに妊娠。入籍前に2人目の娘を出産し、すでに2歳になっていた。

ある日、子どもの入院を巡って大ゲンカになり、同棲相手は家出。それを裕子は知佳に対し、「旦那からDVを受けた。いつまた現れてDVを受けるか分からない」などとウソをつき、2歳の娘を知佳に預けて、もう1人の娘は親友の大橋美代（35）に預けた。だが、もともと育児が出来なかったので、のちに2人の子どもたちは里親に出された。

「岩崎さん、裕子姉さんが困ってるみたいなの。ボディガードとして一緒にいてあげてくれないかしら？」

岩崎は惚れた知佳からこんなことを頼まれ、「僕で役に立つのなら…」とその申し出を了承した。その日から裕子と同居することになったが、裕子の人使いの荒さは尋常ではなかった。家事をすべて押し付け、食事を用意しても難癖をつける。下着の畳み方が悪いと怒り、どこへ行くにも岩崎の車を出させる。夜中でも寝かせない、四六時中電話をかけてくる、気に入らないと大声で怒鳴る…。

岩崎は少年時代に強制わいせつで逮捕歴があったが、裕子とは肉体関係を結ぶどころではなかった。わずか2週間で音を上げ、連絡を絶って裕子の家から逃げ出した。

そのことを聞いた裕子の同棲相手、親友の美代、妹分の知佳、それに裕子の実兄は「どうしたら裕子とうまく付き合っていけるか」というアイデアを出し合うために、LINEでグループトークを作った。

だが、対策を練るというよりは、お互いが愚痴を言い合う場になってしまい、それぞれがガス抜きとして利用するようになった。

それから数週間後、今度は裕子の兄と裕子が大ゲンカになり、「お前がどれほど周囲に迷惑をかけているのか分かっているのか！」と一喝し、思わずグループトークのことを話してしまった。

それを知って、裕子はかつてないほどの怒りをむき出しにした。特にグループトークを立ち上げた親友の美代に怒りの矛先を向け、「今すぐ来い！」と夜中に呼び出し、木刀で殴り、ハサミで髪の毛を切るといった暴行を5～6時間も続けた。


次にターゲットになったのは知佳だった。

「グループトークはそんなに面白かったか。お前もとことん追い込んでやるからな！」

「待って、姉さん…」

「姉さんなんてもう呼ぶんじゃねえ！」

裕子は合法的に金銭を要求するため、2階の窓から飛び降りて〝自殺未遂〟を図った。全治6週間の複雑骨折を負い、その治療費として「とりあえず5万円を払え」と迫った。知佳は震え上がり、言われるがままに5万円を支払った。

だが、それでも裕子は知佳を許そうとしなかった。知佳が前夫との離婚の際にピンポン攻撃をされてノイローゼになったという話を聞いていたので、裕子も同じ手口でピンポン攻撃を繰り返し、「追加の治療費と休業補償を払え」という手紙を残して帰っていった。

知佳はそれで参ってしまい、夜逃げ同然で転居した。住民票の閲覧制限をかけたため、裕子が役所で調べても転居先は分からなかったが、そんなときに思い出したのが岩崎のことだった。

「あの2人がデキていたのは知っている。もしかしたら一緒に行動しているんじゃないか。私を敵にしてくっついているんだったら、もう許せない！」

裕子は岩崎の居場所さえ突き止めれば、自動的に知佳の居所も分かると考え、岩崎を相手取り、同居していた期間の家賃や光熱費、カギの交換代、弁護士に依頼した際の着手金など、計37万円の支払いを求める少額訴訟を起こした。

岩崎は実家からも逃げ出し、元カノのアパートに転がり込んでいたが、なぜか裁判所から特別送達で訴状が届き、「訴訟になると、住所もバレてしまうのか…」と衝撃を受けた。

それでも裕子とは顔を合わせたくなかったので、裁判所にも出頭せず、答弁書も提出しなかったので、訴状記載の通りの「37万円を支払え」という判決が出た。

だが、そのおかげで裕子は知佳が岩崎と一緒に住んでいるわけではないことを知った。そこで知佳にも訴訟を起こして、住所を割り出そうと画策し、そのために親友の美代とは和解して、自分の計画に協力を求めた。

「今、裕子はこんなことを企んでいる。近いうちに知佳ちゃんの住所もバレるかもしれない。何か対策を考えなきゃいけないね」

親友の美代は裕子の味方になったフリをして、その動向を知佳たちに報告し、何とかして助けようとしていた。だが、知佳の精神状態はもはや限界だった。

「引っ越しても引っ越しても、訴訟を起こされるたび、住所がバレてしまうなら、もうあの人から逃げられない。もう耐えられない…」

そのことを伝え聞いた岩崎は、知佳が本当に自殺してしまうのではないかと心配した。なぜなら、裕子は過去にも人を精神的に追い詰めて自殺に追い込んだことがあるからだ。

裕子は境界性人格障害で、精神障害者手帳3級を持っている。気分の波が激しく、感情が極めて不安定なので、ついさっきまで褒めていた相手でも、何か自分に対して気に入らない発言があると、攻撃的な罵倒が止まらなくなってしまうのだ。

「もう限界だよね。これ以上、被害者を増やしてはいけない。あんな女、生きている価値もない。あの女さえいなくなれば、皆が幸せになれる。知佳ちゃんに対する訴訟を起こす前に、あの女を始末するんだ」


事件当日、岩崎はパジャマ姿のまま、「ちょっと電話してくる」と言って、外へ出て行った。それっきり帰って来ないので、元カノは「嫌な予感」がして警察に通報した。

「いつも『あの女を殺してやる』と言っていた彼が朝から出て行った。不審な様子なので、調べてほしい」

元カノの予感は的中していた。岩崎は車の中で服を着替え、裕子の住むマンションへ向かっていた。裕子の部屋に入ると、裕子がグオーッグオーッといびきをかいて熟睡していた。

岩崎は濡れたタオルを裕子の顔にかけ、いきなり包丁で裕子の首を切りつけた。

「ギャーッ、何これ?」

裕子は仰天して飛び起きた。だが、岩崎は冷静に言い放った。

「お前なんか生きている値打ちはねえ！」

裕子は怯え、初めて哀願した。

「やめて…、許して…、もう何もしないから…」

そのセリフがますます岩崎の怒りに火をつけ、岩崎は心臓をメッタ刺しにし、最後は首を真横に切って、完全に息の根を止めた。

「裕子を殺した。もうこれで怯える必要はない。オレ、警察に行ってくるよ」

犯行後、岩崎は知佳に電話をかけた。元カノにも連絡したが、その場には警察官が臨場していたので、最寄りの警察署に出頭すると伝え、その後、岩崎は殺人容疑で逮捕された。

「このまま行くと知佳ちゃんの命が危ないと思った。正当防衛のつもりだった。知佳ちゃんを守るためには裕子に消えてもらうしかないと思った。自分も含めて裕子には皆が散々な目に遭っていた。たとえ裕子が死んでも、家族以外は悲しまないだろうと思った」

このような女と関わってしまった場合、どうすれば良かったのだろうか。岩崎の答えは「殺される前

女性殺害容疑
出頭の男逮捕

東京・武蔵村山

10日午前9時40分頃、警視庁東大和署に男が「人を刺した」と出頭し、署員が東京都武蔵村山市のマンション一室に駆けつけたところ、住人の[redacted]さん(35)がベッドで血を流して倒れていた。[redacted]さんは病院に運ばれたが、まもなく死亡した。同署は同日、東京都青梅市、無職[redacted]容疑者(35)を殺人容疑で逮捕した。

発表によると、[redacted]容疑者は同日午前8時50分頃、武蔵村山市伊奈平のマンション室内で、[redacted]さんの首や腹を包丁で切りつけて殺害した疑い。[redacted]容疑者は出頭時、血のついた包丁を持っていた。調べに、「ウソをつかれたので殺そうと思った」と供述している。

「読売新聞」2014年2月11日付

に殺すしかない」というものだったが、それでは代償が大きすぎる。やはり携帯番号を変え、行政の手を借り、別の地でやり直すのが最善かもしれない。

裁判所は「正当防衛は成立しない。強固な殺意に基づく執拗で、残忍な犯行だった」と断罪し、懲役13年を言い渡した。

2012年9月　愛知県北名古屋市

まったく働かない居候女を床下に埋めた入り婿

石田昭弘（22）は、暴力的な父親とネグレクトの母親によって育てられた。小学生の頃から修学旅行などの学校行事には参加させてもらえず、中学生になると、学校近くで野宿する姿が頻繁に目撃された。そんな姿を見かねた周囲の取り計らいで児童支援施設に入ったが、その頃から非行がひどくなり、窃盗事件を何度も起こして警察に逮捕され、ついに少年院に送られた。

そんな石田を力強く救い上げたのは、保護司の男性だった。親とは比べ物にならない情熱で石田の更生に取り組み、石田の心を氷解させた。働く意味を教え、就職先を世話した。

さらに同じ職場で知り合った恋人の宮田由貴（24）の存在が石田の人生を一変させた。由貴は石田の理解者となり、将来の結婚を約束。由貴の実家で一緒に暮らすことになった。

由貴の実家には父親と弟がいて、母親は出稼ぎしているなど、決して裕福な家ではなかったが、家族も石田を入り婿として迎え、戻る家のない石田にとって、由貴の家族は大事な存在になっていった。

そこへひょんなことから入り込んできたのが問題の岸本美加（25）だった。美加は由貴の学生時代の先輩で、体重100キロを超える巨漢の金髪女だった。

「一緒に住んでいる男のDVがひどいのよ。しばらくかくまってほしい。私も行くところがなくて…」

美加も似たような境遇の不良少女だった。両親の離婚をきっかけにグレ始め、高校は1カ月で退学。ガソリンスタンドなどで働き、18歳のとき、ナンパされた男と同棲するようになった。

その男がヒモ体質で、美加はスナックなどで働くようになり、その後は派手な男遍歴を重ね、2年前に知り合った男の子供を身ごもり、シングルマザーになった。美加の両親は美加への援助を拒絶し、孫の顔を見ようともしなかった。

「ほんのちょっとの期間でもいいんだ。自分が落ち着くまで、ここで寝泊まりさせてほしいの。家賃は2万円払う。食費は別途払う。私が自立しないと、子供を迎えに行くこともできないんだよぉー」

オロオロと泣く美加に由貴の家族らは同情してしまった。こうして美加を加えた計5人による共同生活が始まった。

ところが、美加は約束の金を支払ったのは最初の2〜3カ月だけで、それからはまったく支払わなくなった。いつの間にか働いていたラーメン屋もやめてしまい、新しい仕事を見つけようともしない。それどころか「金を貸してほしい」と無心するようになり、由貴から計40万円、石田から計30万円を借りていたが、さらにサラ金から計200万円を借りていることが発覚した。

「いったい何に使ったのよ?」

問い詰めても美加は押し黙るばかりで、「死んでお詫びする」と言いながら手首を切ったり、金づちで頭を叩いたり、目に針を突き刺すなど、周囲が「もういい」と言って止めるまで、ホラーじみた自傷行為を繰り返した。サラ金の取り立てが毎日現れ、「風俗で働け！」などと責め立てられるのを見かねて、結局、由貴が借金を肩代わりした。

「ごめん、いつか必ず返すから…」

美加は借金返済のため、出会い系サイトを使った援助交際を始めた。美加のような特殊体型は、かえってマニアに人気があった。

〈私は体重3桁のミケポチャ女です。ホ別苺で佐保してくれる人探しています。Hカップなので、おっぱい好きな人には喜ばれるかと思います〉

客が見つかると、「相手に逃げられたり、踏み倒されると嫌なので、付いてきて欲しい」と言って、由貴に待ち合わせ場所まで送迎させていた。

そのくせ、由貴や石田には借金を返さず、新しい男を作って、その男に貢ぐようになった。そのことを知って、石田は激怒した。

「お前、いい加減にしろ。最初から金を返すつもりがなかったのか。オレたちがどんな思いで金を調達したと思っているんだ！」

「他に借りる宛があるから待ってよ…」

「その考えが間違っているんだ。援助交際なんかやめて、まともに働け！」

石田は美加を見ていると、昔の自分を見ているかのようだった。美加の両親に連絡を取って、「引き取って欲しい」と頼んだが、「あいつが来ると、生活保護を打ち切られる」などと言われ、拒否された。

自分たちが借金を踏み倒されて困っていることも話したが、「それは成人した娘がやったこと。当人同士で解決して欲しい」などと反論された。

要するに美加はとんでもない浪費家で、周囲が持て余していた状況が分かってきた。シングルマザーやDV被害者という自分の立場を最大限に利用し、両親をはじめ、周囲から金を借りまくり、その金をことごとく踏み倒していたことが判明。美加の叔母や元勤務先のラーメン店主も被害に遭っていた。由貴が肩代わりして借金を帳消しにしたはずだったのに、新たにサラ金から数百万円の借金を作って、男に貢いでいたことも判明した。


事件直前、美加は誰からも相手にされないようになり、携帯電話のメモリーに残っている知人たちからすべて着信拒否にされ、精神的におかしくなっていた。

近所の家に「暑いから」と侵入して水浴びするという奇行を演じ、「恥ずかしいからやめてくれ」という由貴と口論になった。

「もういい加減に家から出て行ってくださいよ！」

「じゃあ、包丁を持ってきてよ。自殺するわ」

「そんなことを言えば、ごまかせると思ってるんでしょう。いつもそのパターンじゃないですか！」

2人のやり取りを聞いていた石田は「お前は2階に上がってろ。あとはオレがやる」と言って、割って入った。2人はしばらく言い争い、1階から「ドスン」という音が聞こえてきた。由貴が様子を見に行くと、美加が床に倒れていた。

「どうしたの？」

「急に倒れたんだ」

由貴は人工呼吸しようとしたが、「もう無駄だからやめろ。美加が出て行ったことにすればいい。あとはオレに任せて、お前は関わるな」と石田に止められた。

その後、石田は美加の遺体を自分の部屋に運び、床下に穴を掘った。そこに遺棄して、上からセメントで塗り固めた。由貴から「美加をどうしたの？」と聞かれても、「何も知らない」とトボけていた。

それから10日後、由貴の母親が久々に家に帰ってきて、「何か異臭がする」と騒ぎだした。由貴は石田と美加のトラブルを報告し、母親が石田を問い詰めた。

「由貴と一緒に警察に行きなさい。そこですべて話してきなさ

北名古屋・床下遺体

同居女性と借金トラブル？

[redacted]容疑者　身元確認急ぐ

愛知県北名古屋市六ツ師の民家の床下からコンクリート詰めにされた女性の遺体が見つかった事件で、死体遺棄容疑で逮捕された自称会社員、[redacted]容疑者(三一)が、遺棄されたとみられる二十五歳の同居女性との間で、金の貸し借りをめぐってトラブルになっていた可能性があることが分かった。捜査関係者が明らかにした。

県警は二十八日午前、死体遺棄容疑で[redacted]容疑者を送検した。引き続き女性の身元確認を急いでいる。

県警によると、[redacted]容疑者と、遺棄されたとみられる女性の二人はたびたび口論していたという。[redacted]容疑者は「女性と口論をした。女性が倒れ、泡吹いて死んじゃった」と供述。関係者によると、[redacted]容疑者は女性に金を貸していたという。県警は事件との関連を調べている。

司法解剖の結果、遺体は死後二週間ほど経過しており、死因は不明だった。捜査関係者によると、[redacted]容疑者は、女性が死亡したとされる日に、同居する交際相手(二四)に「女性を突き倒した」と話していた。県警は、女性の死亡の経緯を調べている。

関係者によると、遺棄されたとみられる女性は、県内の中学校を卒業。その後、弁当店やガソリンスタンド、居酒屋などでアルバイトをしていた。[redacted]容疑者の交際相手の友人で、二年ほど前から事件現場の家に同居。一時期、生活保護を受給していた。県警は、[redacted]容疑者や女性らの生活実態などを調べている。

「中日新聞」2012年9月28日付

い。私たちはみんな待っているから」

石田は〝自首〟を了承したが、翌朝になると姿が見えなくなっていた。電話をかけると、「これが最後だ。オレと美加がいなくなったことにすればいい。お前は警察に行くな」と言って、電話を切った。由貴は「自殺する気だ…」と直感し、母親と2人で警察を訪問。事情を聴いた警察が由貴の実家を調べ、床下から美加の遺体を発見した。石田はその夜、パチンコ店にいるところを逮捕された。

「信じてもらえないかもしれないが、美加は突然死んだ。オレが殺したわけじゃない。一家に迷惑をかけている貧乏神のような女を追い払うため、自分1人で罪をかぶろうと思った。更生の力になってくれた保護司や社長、由貴には申し訳ないと思っている」

石田は傷害致死や死体遺棄の罪で起訴され、懲役8年を言い渡された。一家を代表して懲役に行ったつもりだろうか。由貴は「出所したら一緒になる」と宣言し、石田の帰りを待っている。

2014年6月　神奈川県横須賀市

188カ所刺されて死んだ風俗嬢の因果応報

大平知弘（43）と藤沢美幸（22）は事件の2年前、客と風俗嬢という立場で知り合った。美幸は金髪で、ギャルメークを施し、見るからに小悪魔という風貌。それが気に入った大平は指名で入るようになり、メールアドレスを聞き出した。

〈一緒に食事でもどう？〉

再三誘われ、それに根負けした感じで美幸が応じると、大平は下にも置かない態度で持ち上げ、1カ月後には恋人関係に持ち込んだ。

大平はスキンヘッドで、体には刺青が入った元ヤクザの塗装工。だが、夜遊び好きの美幸にとって、頼りになるところもあった。何かトラブルになると、すぐ大平がすっ飛んでくる。こうして2人は年の差を乗り越え、毎日のようにセックスする関係になった。

大平は30代後半までは結婚していて、幼い2人の娘と4人で暮らしていたが、その妻とはDVが原因で離婚。美幸は初めてのケンカで携帯を折られ、暴力を振るわれ、大平の本質を知った。さらに風俗勤めを親にバラされて実家に帰れなくなり、大平のもとから逃げ出した。

その後、美幸はまったく別の都市で風俗嬢として働き始めた。

ところが、大平は美幸のミクシィやフェイスブックに書かれた情報をもとに店を特定してやってきた。美幸は「また親に告げ口でもされたら大変だ」と焦り、再び大平と連絡を取り合う関係を復活させた。

その一方で、美幸は新しい彼氏を作り、同棲を始めた。ところが、その男もDV男であることが分かり、緊急避難先として大平のアパートに逃げ込んだ。それを機に大平との同棲が始まったものの、「風俗をやめてくれ」と言う大平と美幸は利害が一致せず、再び逃げることになった。

以前から誘われていたデリヘルの寮に入り、新生活をスタートさせたが、3日後には大平が店を割り出してやってきた。美幸が指定を受けたホテルに行ったところ、部屋の中に大平がいたので仰天した。

「てめえ、よくもオレを裏切りやがったな！」

「裏切ってないわ」

「やかましい！　お前なんかもう殺してやる！」

大平はいきなり首を絞めてきたが、しばらくすると両手を放し、「オレが悪かった…。家に戻ってきてくれ…」とオイオイ泣きながら土下座する姿を見て、美幸はますます愛想を尽かし、その出来事を店のオーナーに報告した。

警察に被害届を出した結果、大平は傷害容疑で逮捕された。

「なぜだ、なぜオレが逮捕されるんだ。こんなに尽くしているのに…」

大平はその事件の公判で「もう二度と近付かないように」と裁判長に諭され、「分かりました」と返答したが、「なぜオレがこんな目に遭うんだ」と逆恨みしていた。美幸は大平が拘留されている間に別のマンションに転居したが、大平が懲役1年執行猶予4年の判決を言い渡されて釈放されたため、警察は美幸に住民票の閲覧制限を勧め、市役所での手続きを促した。

「もう大丈夫です。いろいろとありがとうございました」

これで2人は別れたはずだった。ところが、美幸は大平の拘留中に新しい男と交際を始め、その男とトラブルになると、またも何食わぬ顔で大平に解決を依頼。三度大平のアパートに出入りするようになり、男女関係も復活させた。それなのに、また別の男との交際が始まると、あっさり大平をポイ捨てし、「もう二度と私に関わらないで、ハゲ！」という捨て台詞を残して去って行った。

〈お前と知り合ったおかげでオレはすべてを失った。お前なんかに夢中になっていたオレがバカだったよ〉

大平は美幸のフェイスブックではブロックされ、LINEでもアカウントを拒否されていたため、こんなメールをひたすら送っていたが、無視されていた。

さらに相手を呼び出すことなく、自分のメッセージを録音して、ショートメールで送ることができる『声の宅配便』というサービスを利用し、〈また会いたいから遊びに来て〉〈金を払うからたまには遊んでよ〉というメッセージを送り続けていたが、これも無視されていた。

美幸はこんな行為を半年以上も続けられてウンザリし、大平が読んでいることを想定して、フェイスブックに暴言を書きなぐるようになった。

〈まぢかす！のろくでなしのストーカー！きもいんだよ。私の友達とか後輩に私のこと探ったり、私の話してみたり。本当気持ち悪い。私の周りとかに関わらないでほしい。もうほっといてよ。ハゲの話聞くと

虫ずが走る。mixiとかFacebookみたりしてんのキモい!〉

大平を挑発するため、今カレとのキスシーンや乳房を揉まれている写真などをアップし、毎日のセックスの様子をこれでもかというほど書き綴っていた。

そのついでに自分の職場や日々の出来事を書いていたため、美幸が新たにガールズバーで働き始めると、大平は数日後には店を特定してやってきた。

「どうしてこの店が分かったの?」

「毎日フェイスブックを読んでいるからな…」

「もうまぢやめて。本当にきもいね。頼むから死んでくれる?」

こんな暴言を吐かれても、客としてなら堂々と会えるので、大平は事件を起こすまでに3度も店を訪れた。だが、美幸が接客したのは最初だけで、あとの2回は無視されていた。

事件当日、美幸は深夜2時頃に仕事を終え、男性店長に同僚女性とともに家まで送ってもらうことにした。男性店長が「眠い」と言うので、しばらく家で休んでもらうことにしたが、美幸たちは酒を飲んでだべっていた。すると、そこへ大平から『声の宅配便』がしつこく送られてきたため、美幸がブチ切れ、大平に電話。「ハゲハゲハゲ! お前なんか生きている価値はない。早く死ねよ、ハゲ!」などと暴言を吐きまくった。

それにキレた大平は自宅から包丁を持ち出し、早朝の電車に乗って美幸のマンションへ向かった。ちょうど入れ違いで、男性店長が「今日は用事があるから」と出て行き、その際にカギをかけ忘れていたので、大平が手に包丁を持ったまま美幸の部屋に入ってきた。

「ちょっとハゲ、どうやって入ってきたのよ?」

「うるせえ、そこに寝ているのは誰だ。今カレか?」

「違うわよ、同僚よ」

「オレはもともと頭がおかしいんだよ。お前を殺してオレも死ぬ!」

「ちょっと待ってよ。話し合おうよ。隣にラブホもあるからさ。ねっ」

美幸は包丁をゴミ箱の中に捨てさせ、大平と一緒に出て行った。2人は隣接するラブホテルに入り、大平がフロントで手続きをしていたところ、美幸が従業員室に通じるカーテンをめくり、「助けてください!」と言って駆け込んだ。

「おい、待てよ!」

「近寄らないで、ハゲ!」

大平はその態度に激高し、後ろから美幸を押し倒し、馬乗りになって首を絞め始めた。その様子を見た従業員が必死に引き離したが、大平は事務所内にあった裁ちバサミを持ち、再び馬乗りになって美幸の顔や首を刺し始めた。

「殺してやる!」

あまりの恐ろしい光景に従業員は止めることもできず、「女性が殺されそうになっている」と110番通報。警察が駆けつけたとき、美幸は顔や首を188カ所もメッタ刺しにされ、出血多量で即死状態だった。大平は顔面蒼白で、「こいつが悪いんだ…。だから殺してやったんだ…」などとつぶやいていた。

大平は美幸にまったく相手にされない上、事件直前には仕事をクビになり、自暴自棄になっていた。美幸も大平と曖昧な関係を続け、都合のいいときだけ利用し、暴言を吐き続けてきたという問題がある。どちらにも同情できないような事件は、大平が懲役17年を言い渡されて幕を閉じた。

被害者住民票に閲覧制限

横須賀ホテル刺殺事件

自宅隠すため

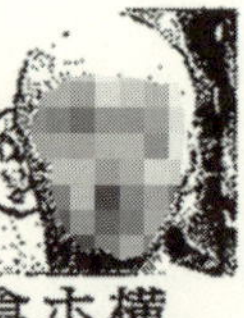

神奈川県横須賀市のホテルで飲食店従業員[redacted]さん(22)が刺殺された事件で、元交際相手の[redacted]容疑者(43)＝殺人未遂容疑で逮捕、写真＝に自宅を特定されないよう、住民票に閲覧制限がかけられていたことが29日、同市への取材で分かった。

[redacted]容疑者は事件前の28日朝、[redacted]さんの自宅に押し掛けて口論となり、[redacted]さんは逃げ込んだ隣のホテルで殺された。[redacted]容疑者が今月、[redacted]さんの勤務先に少なくとも3回、客として訪れていたことも横須賀署への取材で判明。同署は自宅や勤務先をどう特定したのか捜査する。

「スポーツ報知」2014年6月30日付

2021年7月　三重県伊勢市

全裸の女性宅に侵入して返り討ちに遭った男

野中華子さん（40）は居酒屋経営の佐藤大介（40）と付き合っていた。

事件前日は仕事が休みだったので、佐藤の自宅に泊まったが、翌日に銀行で用事を済ませなければならなかったので、午前4時ごろにいったん帰宅した。

シャワーでも浴びようと服を脱ぎ、全裸になったところで、貧血気味だったのか、フラッとよろめいた。しばらく布団にくるまって休んでいたところ、ウトウト眠ってしまった。

午前9時ごろ、佐藤から電話がかかってきたが、眠くて出られなかった。

午前9時47分に折り返し、「また昼に会おう」と約束した。

その直後のことだ。

網戸にしていた腰高窓から、スネ毛が生えた男の足がニョキニョキと入り込んできたのだ。

「えっ、人…？」

布団から起き上がった華子さんと入ってきた男は向き合うような形になった。

「アンタ、誰なの？　何しに来たん？」

華子さんの質問に答える暇も与えず、男は飛びかかってきて、腰の上に馬乗りになられ、羽交い絞めにされた。

身長は180センチを超える大柄な男だった。そんな男が体重をかけてくれれば、身動きを取ることができない。「助けて」と叫ぼうとしたが、口をふさがれ、息もできない。そんな状況で片手が伸びてきて、左胸を揉まれ、右胸も触られた。

さらに円を描くようにお尻を撫で回された。そんな行為が数分続いた。

そのとき、近くに携帯があるのに気付いた。すかさず手に取って、佐藤にリダイヤルした。

「大介君、助けて。部屋に変な人が入ってきた！」

「だ、大丈夫なんか？」

相手の男が「携帯はやめろ！」と言って、取り上げようともみ合いになったので、電話は13秒で切れた。

華子さんはその隙に馬乗りの状態から離れ、洗濯物のワンピースを手に取って、体を隠した。

「何が目的なん？　警察には言わんから、何しに来たか教えて」

「お前は野中華子だよな、知ってるぞ。お前を怖がらせるように人に頼まれて来たんだ」

名前をフルネームで呼ばれて、例えようもない恐怖を感じた。

「アンタ、何者？」

なおさらワケが分からなくなっているところへ、ドアノブをガチャガチャと回し、扉をドンドンと叩く音が聞こえた。

交際相手の佐藤が危機を察知し、駆け付けてくれたのだ。

その途端、男は慌てた様子で、ベランダに飛び出した。

「大介君、ベランダ！」

その声が届いたのかどうか不明だが、佐藤は玄関から入るのを断念して、ベランダ側に回った。

華子さんはすぐに窓を閉めてカギをかけた。メガネを探し、服を着て、携帯電話を手にした。

一方、外ではベランダに足をかけて逃げようとしている男と佐藤が鉢合わせしたところだった。

「何やってんだ、お前。大人しくしろ！」

佐藤もベランダに入り、つかみかかろうとすると、もみ合いになった。

佐藤としては部屋の中の様子が分からない。もしかしたら彼女は殺されているかもしれない。殺人犯か、ストーカーか。いずれにせよ、そんなヤバイ奴を相手にしなければならないのだ。

何とかして彼女を助けなければいけない。だが、自分も襲われたら大変だ。自分の身は自分で守らなければならない。

佐藤は夜の営業のために店の仕込みをしていたので、店内で一番大きな包丁を持ってきていた。身長170センチの自分より明らかに体格差がある相手に恐怖心を覚え、包丁を突きつけた。

「大人しくしろ！」

それでも相手はひるまずに向かってきた。佐藤は体の中心は避けるようにしたが、相手の体を何度も刺した。男が尻もちをついて倒れ込むと、顔面をカカトで踏みつけた。

華子さんはベランダが血で真っ赤に染まっているのを見て、慌てて駆け付けてきた。

「やめて、これ以上やったら本当に死んでしまう」

「じゃあ、救急車を呼んでやってくれ」

「分かったわ」

華子さんは119番した。

「火事ですか？　救急ですか？」

「救急です。私の部屋に突然、知らない男の人が入ってきて、その男の人がケガをして倒れています」

「何だって？」

その間、佐藤が瀕死の男と話をしていた。

「これで死ぬことはないから。これを機会にもう二度とこんなことはせず、生まれ変わって真面目に生きていって欲しい」

「何で家に入ったんだ？」

佐藤は普段から魚をさばいたりしているので、致命傷になる傷を負わせていないという自負があった。

「金、金…」

そこへ華子さんが会話に割って入った。

「いや、お金目的じゃないよ、この人は。私の名前をフルネームで呼んだんだから」

再び佐藤が聞いた。

「何で彼女の名前を知っていたんだ？」

「ポスト、ポスト…」

それ以上の質問は無理だったので、追及をやめた。

まもなく救急車がやってきた。佐藤は救急隊員に事情を聴かれて、「滅多刺しにしてやった」などと答えたため、警察も呼ばれることになった。

男は病院に運ばれ、佐藤は殺人未遂の現行犯で逮捕された。調べに対し、「彼女を守るための正当防衛だった」と主張した。


男は病院で緊急手術を受けたが、全治3カ月の重傷だった。全身に37カ所の刺し傷があり、わずか1センチ左側にズレていたら、心臓に達していた刺し傷もあった。

男の素性は、近くの温泉施設にエアコンの清掃のため、遠方の会社から泊まり込みで来ていた作業員の戸谷修造（43）だった。

前日の深夜に、コンビニを探して外に出かけたところ、地理不案内で帰れなくなり、突然の降雨でスマホが水没したような状態になり、夜通し雨宿りすることになった。

田舎なので人通りはない。所持金は294円しかなかった。金がなければ何もできない。戸谷は交通違反の罰金などで計50万円もの借金があり、それを返済するために働いている身だった。

明け方に周辺をうろついていたところ、腰高窓が網戸になっている部屋を発見した。「空き巣目的で部屋に入ったところ、全裸の女性が寝ていたので驚いた」というのが戸谷の言い分だった。

だが、戸谷の主張を知った華子さんは激怒した。

「犯人の男は意図的に触った。他の部分は触っていないのに、両胸を揉むような動きを見せ、お尻を撫で回すように触った。お金に関する話なんかまったくしていなかった」

華子さんも頸椎捻挫や右腕打撲などで全治2週間のケガを負っていた。戸谷は「性交の意図までは確認できない」として、住居侵入と強制わいせつ致傷罪で起訴された。

佐藤も一度は「傷害罪」に罪名落ちして起訴されたが、結局は処分保留で釈放された。

戸谷は「交際相手を訴えないので、50万円で被害届を取り下げてほしい」と華子さんに交渉したが、決裂してから態度を硬化させた。

「自分がわいせつ行為をした事実はない。携帯電話を取り上げようとしてもみ合いになり、偶然体を触ってしまったに過ぎない。何もしていないのだから、何を反省していいのかも分からないし、謝罪しなければならない理由もない」

仮に言う通りだったとしても、一人暮らしの女性宅に立ち入るリスクは思い知ったのではないか。戸谷は一命を取り留めたが、逆上した交際相手に殺されていても不思議ではなかっただろう。

殺人未遂の疑い 男を現行犯逮捕

伊勢署

伊勢署は十六日、殺人未遂の疑いで、伊勢市吹上一、自称居酒屋経営、[redacted]容疑者(四〇)を現行犯逮捕した。

逮捕容疑では、同日午前九時五十五分~同十時十五分ごろ、同市神久三のアパートで、四十代とみられる男性の首や顔などを包丁で複数回刺し、殺害しようとしたとされる。男性は市内の病院に搬送され、意識不明の重体。

署によると、「腕や顔などを刺したが、殺すつもりはなかった」と容疑を一部否認している。[redacted]容疑者は、知人の四十代女性が住むアパートの部屋にベランダから男性が室内に侵入してきたため、女性から電話を受けて駆け付けたところ、男性ともみ合いになり、持参した包丁で犯行に及んだと供述。二人は、男性とは面識がないと話しているという。

「中日新聞」2021年7月17日付

2020年7月　神戸市兵庫区

風俗勤めで家計を支えた妻がダメ夫に放ったボーガンの矢

小沢明奈（34）は高校時代からアルバイトを始め、無駄遣いせず、コツコツと貯金をしてきた。

高校卒業後はスーパーや総菜屋などで働き、貯金は250万円ほどあった。

24歳のとき、初めて交際相手ができた。それがのちに夫となる小沢忠志（37）だった。忠志は明奈に依存し、明奈の実家に転がり込むような形で、同棲を始めた。2人きりで部屋に閉じこもり、そのことを親族になじられると実家を出て行き、誰にも知らせずに入籍した。新居となったのが、やがて事件現場となるアパートである。

まもなく長男が誕生。明奈は忠志が200万円もの借金を抱えていたので、自分の貯金から肩代わりした。

また、忠志が「飲食店を経営したい」と言うので、両親が貯めていた学費に加え、自分自身がローンを組んで500万円を用意した。

だが、商売はうまくいかず、わずか2カ月あまりで店を畳むことになった。2人には月額7万2000円のローンだけが残った。

2人で頑張れば何とかなると思ったが、相変わらず忠志は仕事が長続きしない。代わりに明奈が働こうとしたが、乳飲み子を抱えている身では、なかなか仕事が見つからなかった。

生活は常に困窮した。明奈はそのために援助交際で稼ごうと思った。水商売すら経験のない明奈には、当然ながら抵抗もあったが、背に腹は代えられない。家事も育児も一手に担っており、自由になる時間はほとんどなかった。

だが、それが忠志にバレてしまった。明奈は不貞をなじられ、暴力を振るわれ、スマホの中身をチェックされて、今いる場所を写真で送るように命じられた。

次男が生まれると、生活はさらに困窮した。明奈は家計を支えるため、また隠れて援助交際するようになった。忠志の目をごまかすため、金が足りなくても足りているフリをしていた。

相変わらず忠志は働かない。にもかかわらず家族計画はいい加減で、明奈は28歳から32歳にかけて、3回も中絶させられる羽目に陥った。明奈としては「産みたい」と思っていたが、経済的事情から許されなかった。

子供たちが成長すると、託児所に預けて、風俗店で働くようになった。忠志には実家近くの花屋で働

事件現場となったアパート

いていると言ってごまかしていた。

ところが、それもバレてしまい、明奈は子どもたちの前で土下座させられた。忠志の束縛はますますひどくなり、暴力もすさまじくなった。「外に出られない顔にするぞ」と言われたり、一瞬、息ができなくなるぐらい腹を蹴られたこともあった。

「離婚するなら親権は渡さない。お前がこれまでしてきたことを考えれば、オレに慰謝料として300万円ほど払う必要がある」

明奈は忠志の支配下に置かれ、誓約書を書かされ、まともな思考回路さえできなくなっていった。

コロナ禍の直前、明奈はホテルの清掃の仕事をしていた。月収は12〜13万円。それで一家4人が生活していた。忠志は働かずに1日中、家でゲームをしていた。失業保険にも入っていなかったので、収入もなかった。

ところが、明奈も緊急事態宣言が出た直後に「しばらく休んでくれ」と言われ、仕事を失った。代わりに飲食店で仕事をし始めたが、そんな状態でも忠志は仕事をしなかった。

仕方なく風俗店に復帰したが、すぐにバレてしまい、「またか！」と叱責された。明奈はすべてがイヤになり、「離婚したい」という書き置きを残して実家に戻った。

だが、最終的には子どもたちのことが心配になって、忠志のいる家に戻った。明奈は忠志の言動に怯え、飼い殺しにされ、忠志の目を見て話すこともできなくなった。

そんなとき、近隣都市で家族ら4人がボーガン（洋弓銃）で殺傷されるという事件を報道で見た。身長182センチの忠志と身長157センチの明奈では体格差がありすぎる。でも、ボーガンを使えば、殺せるんじゃないか。

忠志から離れるには殺すしかないという考えに取りつかれた明奈は、ネットで見つけた専門店でボーガンと弓矢と付属品を購入した。威力を試すため、洗面所の壁に撃ってみた。ズブリと穴が空いた。これなら殺せるかもしれない。

でも、そんなことをしたら、子どもたちが犯罪者の子どもになってしまうのではないか。そんな葛藤を抱えながら、3週間が過ぎた。

事件当日、明奈と2人の子どもたちはリビングで寝ていた。いつもは忠志も一緒に寝るが、この日は寝室のベッドに1人で寝ていた。

早朝5時頃に目覚めたとき、明奈はそのことに気付いた。とっさに「矢を撃つには今しかないんじゃないか」と思い立った。

迷いがあったのでビールを飲んで落ち着こうと思ったが、ますます決断を強くしただけだった。ボーガンを用意し、寝室に向かった。そのときに目覚まし時計が鳴ったので、慌てて引っ込めたが、忠志は寝ぼけ眼でスイッチを切り、再び寝入ってしまった。

(次の目覚ましが鳴る前にヤラなければならない…)

忠志の頭を狙って、引き金を引いた。「バン!」というすごい音がした。忠志の頭に矢は刺さらず、跳ね返されてしまった。

「イタッ!」

忠志は上半身を起こして、頭を押さえた。

「大丈夫？」

思わず駆け寄ると、「触るな、痛い！」と振り払われた。それと同時に恐怖が湧き上がってきた。ここまでやったら、自分が反撃されて殺されてしまうのではないか。トドメを刺さなければならない。明奈は台所に包丁を取りに行った。

うつ伏せになっている忠志をクッションで押さえつけ、首筋に包丁を突き立てた。忠志は必死で抵抗し、明奈の手首と包丁をつかんだ。

「こんなことをしたら、子どもたちはどうすんねん。オレがここで死んだら、お前も子どもたちも不幸になるだけやんか！」

忠志は明奈から包丁を取り上げ、説得を続けた。

「オレが死んだら殺人者になってしまう。オレが死ぬ前に自首してくれ」

明奈は忠志にうながされて110番した。自分が夫を殺そうとしたことを正直に話した。まもなく2人の警察官が駆け付けた。忠志は自分の首を止血しながら、状況を説明した。

明奈は殺人未遂容疑で現行犯逮捕された。

「夫の束縛や暴力、これから大丈夫なのかという経済的不安があり、夫を殺せば離れられると思い、やってしまいました」

忠志は頭頂骨骨折や頸部刺創などで、全治2カ月の重傷を負ったが、明奈の公判に情状証人として出廷し、「妻を恨みに思う気持ちは一切ない。自分にも非があった。それを棚に上げて妻だけを責めるわけにはいかない。もう許している。出所したら、また4人で暮らしたい」と話した。

事件後、公営住宅に入居するため、形だけの離婚をしたが、子供たちがクリスマスに「プレゼントは要らないから、ママに帰ってきて欲しい」という手紙をサンタクロースに書いたエピソードなどを披露し、これまで話し合えていなかった夫婦間のわだかまりも解くことができたので、罪を減刑してほしいと涙ながらに訴えた。

明奈も「出所後は夫と復縁し、また4人で暮らしたいと思います」と述べた。

これに驚いたのは裁判員や裁判官の方だった。

「明奈さん、あなたは家庭のためにもう十分やってこられたと思います。それなのに復縁したいだなんて…。私たちは理解できない」

「今までは私が一方的に不満をため込んでストレスを抱えてしまっていた。これからは同じ立場で話もできるし、暴力もないと思う」

裁判長も次のように話した。

「あなたは自分のことを

夫にボーガン 首も切りつけ

神戸、容疑の妻逮捕

夫に向けてボーガン（洋弓銃）で矢を発射後、包丁で切りつけて殺害しようとしたとして、兵庫県警は26日、神戸市兵庫区夢野町、無職[redacted]容疑者(33)を殺人未遂容疑で逮捕し、発表した。夫は負傷したが命に別条はないという。

兵庫署によると逮捕容疑は、26日早朝、夫(36)の首を包丁で切りつけ殺害しようとしたというもの。その直前に就寝中の夫をめがけボーガンで矢を発射。夫の頭近くをかすめたが、命中しなかったという。

捜査関係者によると、同容疑者は「新型コロナウイルスの影響で失業し、いらいらしていた」と供述。6月に同県宝塚市で家族ら4人がボーガンで襲われ死傷した事件から発想したと述べたという。

「朝日新聞」2020年7月27日付

責めてばかり。夫のことをまったく責めていない。夫の経済的な不安をどう解消するかということなんですよ。どうして今までと違って、言いたいことが言えると思うのか?」

「私も夫のことをちゃんと理解していなかった。今なら目を見て話せます。自分が言わなさすぎた。それが申し訳なかったです」

裁判所は懲役3年執行猶予5年の有罪判決を言い渡したが、間違っても将来、立場が逆になった事件が起こらないことを願うばかりである。

第8章

犯人は誰だ

2016年3月　東京都中野区

ローラー作戦によるDNA鑑定で見つかった流しのレイプ殺人鬼

被害者の小野寺桃香さん（25）の姿が最後に確認されたのは事件当日未明、スマホをいじりながら自宅アパートに向かって歩く防犯カメラの映像だった。

そのやり取りをしていたのが交際相手の小杉俊太郎さん（32）だった。

〈そういえば、桃香の誕生日っていつ?〉

〈ブルースリーと同じ日〉

〈11月27日!!〉

まさかそれが生前、最後のやり取りになるとは夢にも思わなかったに違いない。交際2カ月目の小杉さんは、まだ桃香さんの自宅さえ教えてもらっていなかった。その後、ＬＩＮＥが読まれたことを示す「既読」にはならなかった。連絡してもなしのつぶて。そのまま音信不通になった。

同様に困っていたのが彼女の勤務先である居酒屋店長だった。一度も無断欠勤などしたことがないのに、連絡もつかない。心配になって彼女の自宅を訪ねてみたところ、クーラーの室外機が回っているのに、中から応答がなかったため、警察に相談した。

それと同じタイミングで、警察に駆け込んできたのが交際相手の小杉さんだった。小杉さんは隣県からタクシーで駆け付け、昨夜から桃香さんと連絡が取れなくなっていると訴えた。

「それであなたは、どうして何かあったと思うの？　心配なら彼女の家に行けばいいじゃない」

彼女の家さえ知らないという小杉さんに、警察は不信感を持ち、交際相手であるという説明さえ疑った。

ちょうどその頃、勤務先の店長から相談を受けた警察官が桃香さんの部屋に踏み込み、玄関先で全裸になって死んでいる桃香さんを発見した。桃香さんの顔にはバスタオルが掛けられていた。これは顔見知りの犯人がよくやる手口だ。死因は頸部圧迫による窒息死と断定された。

小杉さんがそのことを知らされたのは、約6時間後の明け方だった。

「そんな…」

あまりの衝撃に声も出ない。ただひたすら、泣き続けた。それと同時に桃香さんと最後にＬＩＮＥでやり取りしていたのが小杉さんであることが確認された。

「私は何もやましいことなどありません」

小杉さんは捜査のため、任意で指紋、靴型、口腔内細胞などを提出した。まもなく事件当時は遠く離れた自宅にいたことが確認された。

「となると、あいつか…」

警察は、すでに本ボシとしてマークするべき男の存在をつかんでいた。桃香さんの元カレである。たびたび桃香さんと口論している様子が近所住民たちに目撃されており、事件の1カ月前には自宅で大ゲンカして、近隣住民の通報で警察が出動する騒ぎを起こしていた。居酒屋の同僚たちにも「元カレが家に押しかけてくるので困っている」「元カレに殴られて青あざができた」などと話していた。

さらに事件直前には下の階の住民が大きな物音を聞いており、こっそり桃香さんの部屋の様子を見に行くと、「うー、何で…」という桃香さんのうめき声が聞こえてきた。しかし、男の怒鳴り声が聞こえてこなかったので、その日は警察に通報することなく退散した。

これだけの下地があったのだから、元カレが疑われるのは当然だった。


「オレじゃない！」

元カレは頑強に容疑を否認した。まるでドラマのような展開。元カレも指紋、靴型、口腔内細胞を採取されたが、桃香さんの爪の間から見つかった犯人のものと思われる皮膚片のＤＮＡとは一致しなかった。

不思議なことに部屋の中からは犯人の指紋さえ検出されず、ドアノブは桃香さんの指紋さえ拭き取られていた。桃香さんの唇や乳房からは男の唾液が検出されたが、激しく抵抗した様子はなく、無理やり服を脱がされた形跡もなかった。事件直前に着ていた服や自宅のカギ、財布、布団のシーツなど十数点がなくなっていたが、スマホは持ち去られておらず、引き出しを荒らされた形跡もなかった。

「犯人はよほど周到に計画を練って、犯行に及んだに違いない」

さらに捜査を進めるうち、第3の男と言うべきストーカーの存在が明らかになった。この男は日頃から、桃香さんの生活を注視していた節があり、付近の防犯カメラにたびたび写っていた。ところが、この男のＤＮＡも桃香さんの遺体に残されていたＤＮＡとは一致しなかった。

捜査は振り出しに戻った。警察は桃香さんと交友関係にあった人物を片っ端から調べたが、いずれも犯人のＤＮＡとは一致しない。警察に保存されている前科前歴者のＤＮＡ型データベースでも一致する人物は見つからなかった。

「こうなったらローラー作戦しかない」

警察は被害者宅から半径５００メートル圏内に住む75歳以下の成人男性に対し、任意のＤＮＡ鑑定を実施。仮に協力を拒んだ場合、その理由を追及すれば、自白する可能性もある。とにかく犯人に接触できさえすれば、逮捕できると考えていた。

ところが半年を過ぎ、検査対象が１０００人を超えても、犯人と一致するＤＮＡ型を持った人物は見つからなかった。そこで警察は事件後に転居した人物まで捜査対象を拡大。その中に混じっていたのが真犯人の矢吹政広（37）だった。

矢吹は当時、被害者宅から約４００メートル離れたアパートに住み、桃香さんのバイト先だった居酒屋から３００メートルほど離れた不動産仲介会社に勤めていた。

しかし、矢吹は事件の2カ月前、「長く付き合っていた彼女と結婚することになった」「彼女のお父さんが経営している飲食店で働く」などと言って会社を退社。しかし、その実態はなく、実家とアパートを往復するだけの生活を送っていた。

事件前日には実家からアパートに戻っていたことも判明した。事件翌日にはアパートの管理会社に「引っ越すことになった」と連絡し、それから1週間後には実家に住民票を移していた。

捜査員はあくまで元住民の一人として、矢吹のもとを訪れた。矢吹は「事件の2カ月前には会社をやめて、実家に帰ってきていたので、事件とは無関係」と説明したが、捜査員の申し出を拒むことはできず、自分の口腔内細胞を提出した。

それから2週間後、警察は色めき立った。ついに桃香さんの遺体から検出された犯人のDNAと一致する人物が見つかったからだ。警察は逮捕状を請求し、矢吹を殺人容疑で逮捕した。

だが、矢吹は「彼女の家に行ったこともないし、会ったこともありません」と犯行を否認した。しかし、桃香さんのベッドから矢吹の血痕が見つかっていることを追及されると、「私がやりました。責任を取ります」と犯行を認めた。

矢吹によると、事件当日にたまたま桃香さんを見かけて尾行し、桃香さんが部屋に入ってから押し入り、部屋の中にあった扇風機のコードを使って首を絞めたということだった。

「要するにわいせつ目的で侵入し、抵抗されたから殺したということか？」

「それは違います。LINEを交換して友だちになりたかっただけです」

「ならば、なぜ乳首を舐めたんだ？」

「生きている可能性があったので、確認しただけです」

さらに矢吹は自分が統合失調症であり、多重人格であると主張。検察は裁判所に矢吹の鑑定留置を申請した。その結果、精神科医らによって矢吹の主張は詐病であることが見破られた。

それでも矢吹は「幻聴に駆られて犯行に及んだ」という主張を繰り返した。

「知らない男の声が聞こえてきて、『彼女を殺さないと悪魔がうつる。押し倒さないと危ない、危ない。

首だよ、首。コードを使えば…』と言われた。その男の『証拠を持って逃げろ！』という声に導かれ、触った可能性のあるものを持ち去った。わいせつ目的ではない」

　裁判所はこれらの主張をすべて退け、「下着まで脱がして全裸にし、左乳首を舐めるなど、わいせつ目的以外で侵入したとは考えられない。犯行は通り魔的で悪質。わけの分からないまま恐怖の中で亡くなった被害者の無念は察するに余りある」と断罪し、求刑通り無期懲役を言い渡した。

　矢吹の恐ろしいところは地元で誰一人、「こんなことをする奴とは思わなかった」と指摘されていることだ。税理士を目指して真面目に勉強していたというのに、どこでこんな狂気が芽生えたのか分からない。

劇団員殺害

1000人のDNA型捜査

容疑者逮捕　任意提出受け照合

　東京都中野区の自宅マンションで劇団員、[redacted]さん（当時25歳）が殺害された事件は、発生から半年以上が過ぎ、急展開した。警視庁中野署捜査本部は、事件当時近所に住んでいた[redacted]容疑者(37)を殺人容疑で逮捕した。[redacted]さんの遺体からは男性のDNA型が検出されており、捜査本部は、[redacted]さんの近所にいた住民や知人らのDNA型の任意提出を受けて照合したところ、[redacted]容疑者のものが一致した。これまでに任意提出を受けたのは約1000人に上るという。

　事件は昨年8月26日夜に発覚した。自宅玄関付近で見つかった[redacted]さんの顔にはタオルケットがかけられ、衣服を身に着けていなかった。また、[redacted]さんが直前まで着ていたワンピースや布団カバーなど十数点がなくなっていた一方、携帯電話はそのまま残されていた。

　現場付近は防犯カメラが少なく、目撃情報も乏しかった。捜査関係者によると、事件直後に現場付近から行方が分からなくなった人物などが捜査線上に浮上したが、いずれも容疑者ではなかった。「犯人の動機が分からないことがこの事件の難しさ」。そうつぶやく捜査幹部もいた。

　最大の手がかりは、[redacted]さんの遺体に残されていたDNA型だった。捜査本部は知人らからDNA型の任意提出を受けるなど「つぶしの捜査」を地道に進めた。捜査の過程で、[redacted]容疑者が事件後に転居していたことをつかみ、任意提出を求めたのが2月中旬。DNA型が一致することが判明したのは、逮捕の数日前だったという。

「毎日新聞」2016年3月12日付

2011年3月　大阪府守口市

性犯罪常習者が主張する強姦のアリバイ

ある地方都市の界隈で、女子中学生が原付に乗った男にイタズラされるという事件が頻発していた。中2少女のルミ（14）もその被害に遭った1人だ。夜間に学校から帰宅途中、問題の男にこんなふうに声をかけられた。

「知人とケンカになった中学生を探している。このあたりの学校に通っているらしいが、何かトラブルは聞いていないか？」

怪訝に思ったルミは「知りません」と答えて立ち去ろうとしたが、男は原付で進路を妨害し、しつこく食い下がってきた。

「待てよ。お前、何か隠してないか。お前のことも調べて学校に押しかけるぞ。ちょっとこっちへ来い！」

ルミは困惑し、〝身の潔白〟を必死で訴えた。すると男は「胸を触らせたら許してやる」などと変な妥協をしてきて、ルミが言われた通りに制服の中に手を入れさせて胸を揉ませると、「警察には言うなよ」と言って帰っていった。

翌日、ルミは学校の教師に報告。学校から通報を受けた警察は同一事件の犯人の余罪であることを確信した。「銀縁眼鏡をかけたタレ目の小太りな男」――すでに前歴者リストなどから捜査対象者を絞り込み、数人の男をマークしていた。

そこへ新たな情報が寄せられた。ルミが被害に遭った現場の近くで、30代ＯＬが原付に乗った男に追い抜きざまに胸を触られる事件が発生。彼女は原付のナンバーを覚えていた。警察が照会したところ、捜査対象者の１人である上川秀雄（37）が浮上した。

上川は20代の頃、女子中高生ばかりを狙い、暴力団を名乗ってわいせつ行為を重ねるという前科があった。３年前にも強制わいせつ事件を起こして有罪判決を受け、執行猶予中の身だった。その事件が原因で妻とは離婚することになり、現在はアパートで１人暮らしをしていることも分かった。

「よし、上川を徹底的にマークして尻尾を掴むんだ」

ところが、上川は職場と自宅を往復するばかりで、まったく事件の気配を見せなかった。警察が手を出しかねている中、新たに女子中学生が襲われる事件が発生した。被害者のアキ（14）は原付に乗った中年男に声をかけられ、まったく同じような手口で体を触られるという被害に遭っていた。

「オレの後輩がこのあたりでガラの悪い中学生に因縁を付けられ、金を脅し取られた。お前の知り合いじゃないのか？」

ルミが否定すると、「ウソをつけ。仲間のヤクザを呼ぶぞ。学校へ押しかけるぞ」などと脅され、公園に連れ込まれて、胸などを触られたというものだった。

その事件を捜査中、翌日も近隣で別の被害者のマミ（14）が原付に乗った男にわいせつ被害に遭うという事件が発生した。マミも同様の脅し文句で因縁を付けられ、近くの駐車場に連れ込まれて胸を触られた上、ペニスをしごかされるという被害に遭っていた。

警察が捜査したところ、駐車場の防犯カメラにマミと犯人の男が原付を押しながら歩いている様子が写り込んでいた。マミが話す犯人の特徴や原付の車種は上川のものと一致していた。警察はまず、マミに対する強制わいせつ容疑で上川の逮捕に踏み切った。

「そんなバカな。オレは何もしていない。何か証拠があるのか！」

「今さらトボけるな。管内で発生していた連続女子中学生わいせつ事件もお前がやったことだろう！」

ところが、調べを進めるうちにマミの供述とは矛盾することが次々と見つかった。マミは「右手で胸を揉まれた」と話していたが、上川は右手の指を3本も切断する大ケガを負っており、包帯を巻いていた。そのことを問われると、「まったく気付かなかった」と言うばかりで、「左手だったのかもしれない」などと供述を変遷させた。さらにマミによると「犯人は白いヘルメットをかぶっていた」とのことだったが、上川の自宅を捜索したところ、黒いヘルメットしか見つからなかった。それを日常的に使用していたことは勤務先や近所の聞き込みなどからも明らかとなった。

「少しでも触られると激痛が走るのに、どうして犯行なんかできるんだよ。そんな特徴的なことも覚えていないのに、よくオレが犯人だと言えたものだな！」

奇妙なことにマミと上川が防犯ビデオに写り込んでいた時間帯に別れた妻と携帯電話で連絡を取っていた事実も確認された。また、犯行時刻30分前とはいえ、その日は遠く離れた病院にいたことも確認された。

警察はマミの件で上川を立件するのを断念せざるを得なくなった。前日に起きたアキの事件でも調べていたが、アキは「犯人はヒゲを生やしていた」「眼鏡はかけていなかった」などと上川とは異なる犯人像を述べていたため、その事件での再逮捕も無理があった。上川には口腔内細胞の提出を求めるにとどまり、いったん釈放することにした。

「警察は事件解決を焦るあまり、オレを犯人に仕立て上げたんだろう。ふざけるな。これ以上の人権侵害があるか。弁護士に相談して訴訟を起こすからな！」

警察は苦虫をかみつぶしたが、この口腔内細胞によるＤＮＡ鑑定から、思わぬ事件が発覚することになった。それは別の都市で1カ月前に起きていた女子高生強姦未遂事件だった。

被害者のチカ（17）は学校から帰宅途中、原付に乗った中年男に「このあたりで後輩とケンカになった中学生を探している。学校まで案内して欲しい」などと声をかけられた。その際に「お前は犯人をかばっているんだろう」などと因縁を付けられ、近くのマンションの駐輪場に連行された。

「オレの言うことを素直に聞けば許してやる。胸を触られるのがいいか、下を触られるのがいいか？」

チカはブラジャーをまくり上げられ、乳房を舐め回された。さらにパンティーを引き下ろされ、男はバックからペニスを挿入しようとしたが、腰を左右に振って必死に抵抗した。すると男は自分でしごいて射精した。

「警察には言うなよ！」

チカは友人に携帯電話で助けを求め、その足で病院に駆け込んだ。病院からの通報で警察が駆けつけ、その際に採取された唾液のDNAが上川のものと一致した。

■強姦未遂容疑で会社員再逮捕　女子高校生(17)に乱暴しようとしたとして、府警捜査1課などは5日、強姦未遂容疑で、守口市佐太中町の会社員、[redacted]容疑者(37)＝別の強制わいせつ容疑で逮捕、処分保留＝を再逮捕した。

逮捕容疑は2月8日夜、守口市内の路上やマンション敷地内で、女子高校生を脅して乱暴しようとしたとしている。捜査1課によると、「私は何もやっていません」と容疑を否認しているという。

[redacted]容疑者は、女子中学生にわいせつな行為をしたとして、先月、強制わいせつ容疑で逮捕されたが、大阪地検は処分保留とした。

「産経新聞」2011年4月6日付

「あいつ、やっぱりやっていたんじゃないか…」

警察は再び、チカに対する強姦未遂容疑で上川を逮捕した。だが、上川は前回と同じ理屈をこねまわして犯行を否認した。

「オレは指のケガで犯行なんかできないと言っているだろう。警察はそんなにまでしてオレを犯人に仕立て上げたいのか。オレの唾液が付着していたなんてまったくのデッチ上げだ！」

チカもまた、上川が包帯を巻いていた事実に気付いていなかった。だが、被害者たちは複数の男の写真の中から、「この男が犯人です」と迷わず上川の写真を選び出した。上川は否認を続けたまま、5人の女子中高生らに対する強制わいせつ罪などで起訴された。

「自分には前科がある。前の裁判でもそうだったが、自分がやったことなら認める。だけど、やっていないことは認められない。なぜ被害者の胸に自分の唾液が付着していたと言われるのかまったく理解できない。自分は事件解決のためのスケープゴートにされた」

だが、裁判所は「被害者の胸に被告人の唾液が付着する機会は犯行時以外にはあり得ない。パニック状態にあった被害者が犯人の特徴を正確に覚えていなくても無理はない。黒いヘルメットは光の反射で白く見えた可能性もある。このような共通した犯行手口が近接した地域で無関係に偶然発生することはあり得ない」と断罪し、上川に懲役6年を言い渡した。上川は裁判長を睨みつけ、憮然とした態度で退廷したが、その後も女子中高生を狙ったわいせつ事件は頻発している。真犯人は別にいるのかもしれない。

謎の中国人に精液を搾取されたと主張するレイプ魔

2015年5月　千葉県鎌ケ谷市

看護師の松永留美子さん（29）がパチンコ店で遊戯中の彼氏を駐車場で待っていたときのことだ。ふいに運転席側のドアが開き、黒ぶち眼鏡をかけたヤセ型のちょび髭の男が乗り込んできた。

「だ、誰なの？」

「うるさい、黙れ！」

男はハンドルを握ると、いきなり急発進。パチンコ店を出るときに強引に右折したので、直進してきた車と接触事故を起こした。

相手のドライバーが外に出てきたが、男は知らん顔で逃走。その後も赤信号を無視したり、一車線の道で追い抜きを重ねた。

「オイ、オレの顔を見るなよ。オレがいいって言うまで、下を向いてチ○ポでもしゃぶっとけ！」

そう言うなり、男はペニスを露出し、髪をつかんで無理やりくわえさせた。

「お前、さっきから追ってくるハイビームの車に気付かなかったのか。捕まったら終わりだ。オレは海外に高飛びする」

男の言っていることは支離滅裂。何が狙いなのかも分からない。男とのドライブは1時間以上も続き、やがて男は人気のない空き地に車を止めた。

「オレはある組織に追われているんだ。今日限りの命かもしれん。生きている間に存分にセックスを楽しみたい。裸になれ！」

断れる雰囲気ではなく、留美子さんは車の中で全裸になった。車内でM字開脚させられ、何度も膣内に指を出し入れされた。

「ここじゃ狭いな。外に出ろ。大声を出すなよ」

留美子さんは全裸のまま外に出て、ボンネットの上に両手をつくように命じられた。片足を持ち上げられ、局部を携帯で撮影された。男はバックからヴァギナに向かってペニスを押し付けてきた。

ところが、男はなぜか途中でやめて、留美子さんを車の中へ引き戻した。

「やっぱりこんなところじゃ集中できん。いつ人が来るかも分からない。残念だが、オレは逃げることにする。金目のものを出せ！」

留美子さんが「持ってません」と答えると、「ウソをつけ。あとから出てきたら許さんぞ！」と脅し、財布の中の1万円弱と2万円相当の腕時計を奪った。

「よし、じゃあ元の場所に戻してやる。ただし、お前はオレの顔を見るな。またずっとくわえとけ」

元のパチンコ店の駐車場に戻ると、男は逃走。留美子さんは店に駆け込んで助けを求めた。ただちに警察がやってきて、留美子さんは病院へ。膣内からは犯人のものとみられる男の精液が検出された。

「犯人は興奮状態でした。薬物中毒者かもしれません」

その事件での捜査中、警察署に一本のタレコミ電話がかかってきた。「知人の男から犯行を告白された」というものだった。

「及川勇次という男が犯人だ。奴のDNAを取ってみれば分かるよ。オレの素性は勘弁してもらいたい」

及川勇次（36）はしょっちゅう警察のやっかいになっている男だった。少年時代から傷害などで検挙歴があり、最近では3年前に覚醒剤取締法違反で有罪判決を受け、執行猶予期間を満了したばかりだった。

警察は半信半疑で行動確認を開始。現在の顔写真を撮影したが、被害者は複数の写真の中から犯人として選び出せなかった。

「ガセじゃないのか？」

その後、及川がチューブ入りのアイスクリームをコンビニのゴミ箱に捨てたので、回収して唾液のDNAを照合したところ、留美子さんの膣内から検出された精液のDNAと一致。及川は監禁と強姦未遂と強盗の疑いで逮捕された。

「オレじゃない。まったく身に覚えがないことだ。その場に行ったこともない」

「被害者の膣内から出た精液がお前のものと一致してるんだぞ。トボけるな！」

「それはオレがハメられたんだ…。正体不明の中国人に精液を搾取されたことがあるんだ…」

「はァ…、お前、また安いシャブでも食ってるんじゃないのか？」

ところが、不思議なことに家宅捜索で押収された及川の靴は犯行現場に残された足跡と一致するものがなかった。その上、車内に残された指紋や掌紋も及川と一致するものがない。要するに精液以外、何も物的証拠がない状況だったのだ。

「お前、中国人がどーたら言ってたな。どういうことなんだ、話してみろ」

「オレはこの半年間、ずっと恐ろしかったんです…」

及川の話では、繁華街で中国人の男に「いい仕事がある」と声をかけられた。一緒に雑居ビルのスナックに入ったところ、出された酒を飲まされた途端、前後不覚に陥った。次に気付いたときは全裸でベッドにくくりつけられていた。

「あなた、及川勇次さんだね。トボけたってムダだ。あなたのことは全部知ってるよ。あなた、覚醒剤で捕まったとき、私たちの仲間のことをペラペラしゃべったね。それで私たち、大変迷惑しているんだよ」

その男は中国製の鋭利な刃物のような武器を突きつけ、「私たちの仲間になるか、今ここで死ぬか、どっちか選べ」と迫ってきた。

「なるなる、仲間になるっ！」

すると、チャイナ服を着た女が出てきて、媚薬のようなものを塗られ、何度も手淫されて射精させられた。

「あなたが裏切ったらあらゆる犯罪現場にこの精子がバラまかれることになるから。今や日本の犯罪捜査でＤＮＡ鑑定の信用性は絶対だ。あなたみたいに前科がある人間の言うことを警察は信用しないから」

それ以来、自宅の郵便ポストに紙片が投げ込まれるようになり、奇妙な指示を受けるようになった。

「あるときは送られてきた郵便物を指定のあった場所に運び、またあるときは車の中で女を見張るだけのこともあった。またあるときはATMで金を引き出したり、夜逃げの手伝いをさせられたこともあった。報酬は一回2万円。自分が何をさせられているのか分からなかったが、ヤバイことに片足を突っ込んでいることだけは分かった」

その後、及川のマンションに詐欺の被害者だという人物が訪ねてきたり、人相の悪い男たちが玄関ドアを叩き壊そうとする〝事件〟もあった。

及川は恐ろしくなり、交際相手ができたことから、その女性のアパートに逃げ込んだ。ところがその途端、今回の事件で逮捕されることになった。

「これは陰謀だ。自分はやっていない。きっと犯人はオレの精液をチ○ポや指に塗って、被害者の膣に押し付けたに違いない。オレの毛髪一本、車に残ってないなんておかしいでしょう?」

確かに不思議な事件だが、被害者の松永留美子さんは逮捕後の面通しで、及川を見るなり、「この男です」と断言した。及川には事件当日のアリバイもなかった。

「信じてください。オレはやってない。オレの精液のみが犯行に使われたのです。犯人は別にいます」

だが、裁判所は「被告人が犯人である」と断定し、懲役7年を言い渡した。

「被害者が一貫して主張する犯人の特徴と被告人の特徴は一致しており、本件以外に被害者の膣付近に被告人の精液が付着する機会はない。犯人は片手で携帯電話を持ち、もう一方の手で足を持ち上げ、陰茎を膣付近に押し付けたと考えられるが、その際に他人の精液を陰茎の先端に塗るなど極めて不自然で不合理。被告人の主張は信用できない」

あれほど粘り強く主張していたのに、及川は判決が下されるや、控訴することなく服役した。もしかして、壮大な作り話だったのだろうか。

2016年2月　愛知県稲沢市

3年続いた霊現象の正体は警官の犯行だった

実家暮らしの女子大生の真田祐奈さん（22）は3年前から身の回りで起きる〝霊現象〟に悩んでいた。1人で部屋にいると誰かに見られている気配がする。夜寝ていると誰もいないはずの廊下から足音が聞こえる。朝起きてみると閉めたはずの網戸が開いている…。

また、金縛りに遭ったこともあった。体が硬直し、身動き一つ取れずにいると、誰かが部屋を歩き回っているような気がする。祐奈さんはこれらのことを黙っていたが、ある日、風呂に入っていたとき、カギが閉まっていたはずの窓が開けられ、そこから人の手が伸びてきたことから「キャーッ！」と絶叫した。

「何だ、何だ？」

「今、そこに誰かいた…」

父親らが外に様子を見に行ったが、誰もいない。

「気のせいじゃないか？」

「前から言おうと思ってたんだけど、変な物音が聞こえたり、人の気配がするので怖いのよ…」

それが思い違いではなかったことが半年後に判明する。祐奈さんが寝ていたところ、部屋の中に誰かがいる気がした。ふと目を開けると、いつもつけたままにしている電気スタンドが消えている。そして、何者かに腕を触られた。

「キャーッ！」

大声で叫ぶと、部屋の引き戸を開けて出て行った。急いで父親を呼び家の中をくまなく調べると、浴室の窓ガラスが割られカギが全開になっていたことが分かった。

「間違いない。ここから入ったんだ。これは人間の仕業だ。警察を呼ぼう！」

警察は住居侵入事件とみて捜査を開始。だが、すぐにどうなるというわけでもなく、「今後は施錠を厳重にしてください」という注意を与えて帰って行った。

祐奈さんの父親は警察のアドバイスに従って、センサーライトや防犯ブザーを取り付け、防犯砂利を家の周りに敷き詰めた。

だが、犯人はそれをあざ笑うかのようにその後もやってきた。センサーライトのコードを切られたり、位置を変えられたり、コンセントを抜かれたり…。大雪の日にもやって来て祐奈さんが風呂を覗かれたことから、父親が足跡を追い掛けたこともあったが、途中で見失ってしまった。

警察はあまりに被害申告が多いことから、防犯カメラを貸し出して祐奈さん宅に取り付けた。すると、さすがに警戒して来なくなったが、それを取り外した途端、またやってきた。

祐奈さんの父親はシビレを切らし、自腹で70万円も掛けて赤外線センサー付きの防犯カメラを4台も取り付けた。その結果、ついに犯人の姿を捉えることに成功した。20代くらいのネックウォーマーを着けたマスク姿の男。その男が近所に住む祐奈さんと同じ小中学校の1年先輩で、現職警官の小沢浩志

（23）であることが判明するのはもう少し後のことである。

小沢は運動神経抜群の男で、シティーマラソンで優勝したり、高校時代までは野球部に所属していた。中学時代に職場体験で消防署へ行ってから、「将来は消防士になりたい」という夢を持っていたが、高校卒業後に消防士の採用試験を受けたところ、体力テストでまさかの不合格。

小沢はショックを受け、その後は大学に進んだが、消防士になるという夢を捨て切れず、夕食後にトレーニングに出掛けるようになってから、祐奈さんの自宅を覗くようになったらしい。

祐奈さんとは面識はあるが、しゃべったことはなかった。一方的に思いを募らせて覗きや住居侵入を繰り返し、寝顔をスマホで撮影したり、時には体を触ったりしていた。

大学卒業後、再び消防士の採用試験を受けたが、またも不合格。代わりに警察官の採用試験には合格したが、この頃には祐奈さんとは別個の新たな事件を起こしていた。

小沢は高校時代の1年後輩で、遊び友達でもある林郁代さん（22）の自宅に侵入。郁代さんの財布から現金6000円を抜き取り、その日に泊まりに来ていた友人の女性（22）のパンティーとブラジャーも盗んだ。

それがないことに気付いた2人の訴えで家族が調べたところ、郁代さんの2階の部屋の窓枠に手の跡のようなものが残っており、その真下にある給湯タンクの上には靴跡が残っていた。郁代さん宅では、その1カ月前にも給湯タンクの換気口が壊され、部品を隣家の敷地に投げ捨てられるという被害に遭っており、「今度は看過できない」と警察に届け出た。

一方、小沢は被害者の郁代さんに〈警察学校に行くから、これからは連絡が取りづらくなる〉などとLINEを送っており、郁代さんはまさか小沢が犯人とはつゆほども思っていなかった。

その後、小沢は郁代さん宅にも侵入を繰り返すようになった。小沢の手口は窃盗犯の間では定番の「こじ破り」というものだ。マイナスドライバーを窓枠とガラスの間に2〜3回突き刺すだけ。それだけでガラスは三角形に割れるのだ。

ある日、郁代さんの部屋の窓ガラスが割られそうになる事件があった。その場所には丸い穴が2カ所開き、窓枠にマイナスドライバーが突き刺さっていた。おそらく犯行の途中で逃げ帰ったのだろう。それ以来、郁代さんの部屋は強化ガラスにしたので、割られることはなくなったが、もう一人の被害者の祐奈さんの自宅には相変わらず侵入を繰り返していた。

最後の犯行日、小沢は深夜0時に祐奈さん宅へ行き、軍手を装着して敷地内に侵入。様子をうかがうと、部屋の電気がついていて、まだ祐奈さんは起きていた。

小沢はあらかじめ祐奈さん宅の窓ガラスを割り、カギを開けておいた。祐奈さんが寝静まるまで車の中で待機し、午前2時半過ぎに靴を脱いで部屋に侵入。祐奈さんの寝顔をスマホで撮影していたところ、祐奈さんが目を覚ました。

「キャーッ!」

思わず、小沢は手で口をふさいだ。祐奈さんが起き上がろうとしたので、覆いかぶさって祐奈さんの口の中に軍手ごと指を突っ込み、服の上から祐奈さんの乳房を揉みまくった。

「助けてーッ!」

その声に驚いて、男は慌てて逃げて行った。祐奈さんは口腔内挫傷で全治2週間のケガを負った。

これを機に警察が本格的に動き、防犯カメラの映像などから小沢を割り出した。家宅捜索で祐奈さんの唾液が付いた軍手が見つかり、犯行時に着ていた服やマイナスドライバー、スマホ、靴などが押収された。

小沢のスマホには何種類もの盗撮動画が保存されていて、ベッドで寝ている祐奈さんを至近距離から撮影したものや事件当日に逃げ帰るまでの映像がそのまま残されていた。

さらに郁代さん宅の窓枠に残っていた指紋が小沢のものと一致し、小沢は郁代さん宅から現金や下着などを盗んだ容疑でも再逮捕された。郁代さんは小沢が犯人と聞き、耳を疑った。

「家に入った泥棒が先輩だったなんて…、信じられない。何のために警察学校へ行っていたのか。もう二度と会いたくありません」

小沢は身から出たサビだというのに、逮捕されてからしょげ返り、憔悴しきった。

「迷惑掛けてすみません。親不幸で恥をかかせてすみません。もう無理に面会に来なくていいです。誰とも会いたくありません。お母さんは僕を産んだことを後悔しているでしょう。判決が下った後は家を出ます。もう勘当して下さい。お母さんは育て方を間違えたとか悩まないでください。悪い奴はいくら反省しても変えられないのです」

小沢は起訴と同時に警察官を懲戒免職になり、祐奈さんに250万円、郁代さんに60万円、その友人に3万円の賠償金を支払った。

まさに性犯罪者が警察官になっていたというパターンだろう。小沢は懲役3年、保護観察付きの執行猶予5年の判決を言い渡されたが、両親に勘当されることはなかった。そのまま被害者宅に近い実家にいて、更生などできるのだろうか。

「中日新聞」2016年7月20日付

わいせつ致傷
元巡査認める
名古屋地裁初公判

民家で女性を襲ったとして、強制わいせつ致傷などの罪に問われた元愛知県警巡査の[redacted]被告(二三)＝名古屋市西区＝の裁判員裁判の初公判が十九日、名古屋地裁であり、被告は「間違いありません」と起訴内容を認めた。判決は二十一日。

起訴状によると、被告は一月三十一日未明、同県内の民家に侵入し、就寝中の二十代女性の体を触り、口に二週間のけがを負わせたなどとされる。冒頭陳述で検察側は「民家の敷地内に二〇一三年ごろから侵入し、のぞきや盗撮をしていた」と指摘。弁護側は「社会的制裁を受け、十分に反省もしている」と訴えた。

被告は昨年四月、県警に採用され、事件当時は名古屋・北署地域課に勤務していた。今年二月の起訴を受け、懲戒免職となった。

2021年10月　埼玉県熊谷市

恋多き女性が謎の死を遂げるまでのミステリー

派遣社員の野末蓮（32）は事件の3カ月前、通話アプリで宮下玲子さん（27）と知り合った。

〈彼氏いないの?〉

〈いるけど…。何か問題でもありますか?〉

〈問題ないッス〉

〈よかった〉

〈リッチなんだね〉

〈悪かったね〉

〈リッチ好きだよ〉

〈よかった〉

2人は盛り上がり、LINEを交換し、会う約束をした。玲子さんが自宅の住所を送ってきたので、野末は自宅まで訪ねることにした。

2人は会ったその日にセックスした。野末は他にも交際中の女性がいたので、2人の関係はセックスフレンドだった。

その後も野末が訪ねて行って、セックスしたことがあった。玲子さんは精神疾患を患っており、人恋しさから通話アプリで相手を見つけるようなところがあった。

事実上の交際相手とも言えるAさんとも、野末の少し後に通話アプリで知り合っていた。Aさんにも自宅の住所を教え、毎日のようにLINEでやり取りし、泊まりに来たことも4度ほどあったが、Aさんとは肉体関係はなかった。

精神疾患のある玲子さんを気遣い、自分以外にも男がいるような気配を感じていたにもかかわらず、質問攻めすることもなく、黙って見守っていたのだ。

実際に玲子さんは元交際相手や高校時代からの腐れ縁の男性とも肉体関係を持っていた。

そんな状況下で問題の事件が起こった。その日、野末は玲子さんと会う約束をしていた。レンタカーを手配し、昼前に玲子さんのアパート前に着いた。

2人は会って早々にセックスしようとしたが、玲子さんが口唇愛撫の途中で「アゴが疲れた」と言うので、野末はキッチンの前でタバコを吸い、しばらく休憩することにした。

その後のことは野末にしか分からないが、以下は野末の説明である。

「部屋でタバコを吸いながら話していると、敷布団の上に座っていた玲子が突然、『彼氏と別れた、彼氏と別れた』と繰り返し、奇声を上げ始めた。『ギャー』とか『グァー』とか怒り狂っているような声です。ぜんぜん意味が分からず、怖いと思いました。『大丈夫、どうしたの?』と声をかけましたが、うずくまって何も言わない。そのうち、布団に顔を押しつけるようにして泣き始めました」

そのとき、部屋のインターホンが鳴った。隣室の住民が苦情を言いに来たのかと思ったが、それは玲子さんの担当看護師が様子を見に来た定期訪問だった。

玲子さんに「出なくていいの?」と聞いたが、玲子さんは鼻をすすって返事をしない。「大丈夫か?」と聞いても反応がない。どうも玲子さんの精神疾患は想像以上に深刻なようだ。野末はセックスする気もなくなり、「もう帰るよ」と言ってアパートを後にした。

「私が家を出るとき、玲子は確かに生きていました。でも、もうこの人に関わるのはやめようと思い、LINEのアカウントを削除した。もともと通話アプリにLINEのQRコードを載せていたためか、知らない人からメッセージが届くことも多く、近々削除しようと考えていました」

ところが3日後、玲子さんは絞殺体となって発見されるのだ。

第一発見者は交際相手のAさんで、玲子さんと連絡がつかなくなり、自宅を訪ねて発見したのである。以下はAさんの話である。

「私は午後10時から朝8時まで夜勤をしています。仕事に出かける前にLINEをしたんですが、返事が来ていなかったので、休憩時間に電話しました。それでも出なかったので『寝ているのかな?』と思いましたが、翌朝にLINEを送っても既読がつかない。精神科の病院に入院すると言っていたし、入院したのかもしれないと思い、月曜日になるのを待って、病院に電話しました。すると『入院していない』と言う。もしかしたら自殺したんじゃないかと胸騒ぎがして、自宅の様子を見に行くことにしたんです」

Aさんは玲子さんのアパートに向かい、インターホンを鳴らしたが、反応はない。すると、玄関のポストに訪問看護師の不在連絡票が挟まっているのを発見した。日付を見ると、3日前の午後で、《応答がありませんので、失礼します》とあった。そこに電話したが、担当者がいなかった。

アパートの裏手に回ったところ、洗濯物が干されていない。とすると、家にいるのではないか。ドアを叩いたり、玄関越しに名前を呼んでも返事がないため、ドアノブに手をかけたところ、扉が開いた。

「驚きました。玲子はドアノブのカギをかけ忘れたりすることはありません。家の中に入って電気をつけると、布団のところに人影が見えました。『玲子？』と声をかけ、リビングの電気をつけると、玲子が赤紫色の肌になって横たわっていました。色白の玲子とは似ても似つきません。体温はあるのかと手首を取ったら、すでに冷たくなっていました。死んでいることが分かったので、すぐ１１０番通報しました。救急隊員から折り返しの連絡があり、『心肺を蘇生してほしい』と言われたので、心臓マッサージをしました。すると口元からドス黒い血のようなものが出てきたので、完全に死んでいることが分かりました。それから15分ほどして警察が来ました」

部屋の中は荒らされた形跡もなく、布団の上の遺体に着衣の乱れもなかった。首にはジグザグのまだらな赤い痕が首を一周するように残っていた。

不思議なこともあった。玲子さんのスマホと2本あるはずのカギの1本が消えていたのだ。手がかりは少なく、動機も凶器も不明。翌日に行われた司法解剖の結果、死因は頸部圧迫による窒息死と判明。警察は殺人事件と断定し、捜査本部を設置した。

殺された玲子さんは事件当日未明、近くのコンビニで買い物をする姿が防犯カメラに写っていた。その日の午後、知人とSNSで連絡を取ったところまでは生存が確認されていた。

ちょうどその頃、現場付近の駐車場に不審なレンタカーが止まっていたことが判明した。その車をたどって行ったところ、浮上したのが野末だった。

遺体発見から46日後、出勤しようとしていた野末は任意同行を求められた。

野末は事件当日に玲子さんの自宅を訪問したことは認めたが、「殺したのは自分ではない」と犯行を否認した。「玲子が殺されたのは今知りました。事件当日、玲子の家から帰るとき、玲子はリビングから『じゃあね』と見送ってくれました」などと供述した。

しかし、警察は玲子さんのパジャマから玲子さんと野末の混合したDNAが検出されたことや事件直後からニュース報道を検索していたこと、SNSの会社が捜査に情報提供するかどうか調べていたことなどから、「犯人はこの男しかいない」と断定し、殺人容疑で逮捕した。

その後、傷害致死罪で起訴されたが、野末は公判になっても無罪を訴え続けた。

「私は宮下玲子さんを殺していません。これは捜査機関の事実誤認です。証拠もない。動機もない。第三者による犯行の可能性もある。私は冤罪です」

検察側とは対決姿勢を示し、被告人質問では検察側の反対尋問に一切答えなかった。

これを裁判所はどう判断したのか。

「被害者の体から被害者と被告人の混合DNA型が検出されている。被害者の自宅を出た後、被害者とのトーク履歴を含むLINEのアカウントを削除し、殺人罪の刑期を調べるなど、犯人性を推認させる行動をしている。動機や経緯は不明だが、被告人に酌むべき事情があるとも言えない。犯行態様は危険かつ悪質なもので、不合理な供述からは反省もうかがえない」

野末はすべての主張を退けられ、懲役9年を言い渡されたが、判決を不服として即日控訴した。

だが、控訴審でも控訴を棄却されると、「おい、何でだよ！　説明できんだろうな！」と怒声を上げげた。パーテーションの中で聞いていた玲子さんの姉は『おい』じゃねえよ！　ふざけんな！　いいかげんにしろよ！　人殺し！」と叫んだ。

それに対して、野末は「黙れ、冤罪だろ！　矛盾してんだろ！」と大声で叫び続け、裁判官による発言の制止も無視した。

裁判長が控訴趣旨について読み上げようとすると、「そこがおかしいから言ってんだろ」と反論し、玲子さんの姉が「おかしくない！」と絶叫すると、「お前、頭おかしいよ」と暴言を吐いた。

判決では、一審判決で証拠として提出された訪問看護師の証言、野末が事件の後にLINEのアカウントを一時削除した後に復活させ、被害者である玲子さん以外の友達を再度登録していたことなどをもとに控訴棄却の理由を裁判官が述べ、懲役9年の一審判決を支持した。

法廷には終始玲子さんの姉の泣き声と荒い息が響き、野末は腕を組み、時折不服そうに首をかしげていた。

「朝日新聞」2021年10月22日付

女性殺害容疑　知人の男逮捕

埼玉・熊谷

埼玉県熊谷市のアパートの一室で9月、住人の[redacted]さん(27)が殺害された事件で、県警は21日、知人で派遣社員の[redacted]容疑者(32)＝東京都東村山市美住町1丁目＝を殺人の疑いで逮捕し、発表した。「殺していない」と容疑を否認しているという。

捜査1課によると、逮捕容疑は9月3日午後、熊谷市見晴町のアパートの一室で[redacted]さんの首を圧迫して殺害したというもの。防犯カメラや周辺の車のドライブレコーダーの映像などから、この日午後、近くに[redacted]容疑者が契約したレンタカーが止まっていたことが判明。現場の部屋の捜査などと合わせて関与の疑いが浮上したという。

[redacted]容疑者は今年に入り[redacted]さんとSNSで知り合ったと説明し、知人だったことは認めているという。

開廷から約30分後、閉廷が告げられ、野末が退廷を促されると、立ち上がった野末は傍聴席を見渡して、こう叫んだ。

「皆さん、これは冤罪です。裁判所は不都合なことを見ていない！」

とすると、玲子さんを殺したのは誰だと言うのか。そもそも傷害致死罪で起訴されているのがおかしい。このような男に命を奪われた遺族の心に安らぎが訪れる日は来るのだろうか。

あとがき

私が取材した中でも桁外れの猟奇事件を一つ挙げるとすれば、２００９年11月6日に発覚した島根女子大生死体遺棄事件だろう。

広島県北広島町の臥竜山《がりゅうざん》で、キノコ狩りに来ていた男性（58）が被害者の女子大生（19）の頭部を発見。その後、警察が左大腿骨、両手足が切り離された胴体、右足首から先の部分、爪4片を発見した。

遺体には凄まじい暴力を受けた痕跡があり、顔面には殴打痕をうかがわせる皮下出血が認められ、左頬には足で踏まれた跡が付いていた。左大腿骨は肉片を人為的に削ぎ落とされており、胴体部分の胸は肋骨が見えるほどえぐり取られ、性器は性別が分からなくなるほど切り刻まれていた。胴体部分からは内臓の大部分が取り出されており、焚き火で焼いたような跡があった。爪は付近や動物の排泄物から見つかり、いずれも右足から剝がされたものだった。

警察は当初、顔見知りによる単独犯と見て、交友関係の洗い出しに軸足を置いた。その結果、被害者の失踪後に連絡が取れなくなるなど、不審な点があった3人が捜査線上に浮上したが、いずれも無関係と分かった。

被害者は普段、アルバイト先のショッピングセンターから大学に近い学生寮まで歩いて帰宅しており、そのルートはショッピングセンター沿いの道を国道9号線まで出て、住宅街を通り抜け、地元住民が「八幡さん」と呼ぶ浜田久光山八幡宮にある160段の石段を上がって行くというもの。その先は舗装された山道が数百メートル続き、寮まで約1キロの上り坂になっていた。

被害者が失踪当日に帰宅した午後9時過ぎにこのルートを歩いてみた。寮までの道は舗装されているとはいえ、車がやっと1台通れるような細い道で、すれ違う車も滅多になく、街灯もまったくないので真っ暗だ。まるでレイプ魔に「襲ってください」と言っているような道である。

被害者はこのルートのどこかで犯人と接触し、車で連れ去られたらしい。

それが明らかになったのは7年後のことだった。2016年初頭から過去に性犯罪歴のある人物を捜査し直していたところ、事件当時島根県益田市に在住していた33歳の男が浮上。男は事件から5年前の2004年に通りかかった女性に刃物を突き付け、わいせつな行為をしようとしてケガをさせるなどの3件の強制わいせつ事件を起こし、東京地裁で懲役3年6カ月の実刑判決を受けて服役していた。

その後、生まれ故郷の山口県下関市に戻って、ラーメン屋で働いていた。2009年5月からは島根県浜田市に本部があるソーラーパネルの会社で勤務。職場では大人しくて真面目な人柄だったというが、被害者の遺体が発見された11月6日には「2日間の休みを取りたい」と会社に申請し、11月8日に山口県の高速道路で事故を起こし、車が炎上。同乗者の母親とともに焼死した。

この事故については、母親との無理心中だったのではないかと指摘されている。ガードレールに何度もぶつかっており、ブレーキ痕もスリップ痕もなかったからだ。

男の実家を家宅捜索したところ、男の遺品だったデジタルカメラやUSBメモリーが見つかった。警察が画像データの復元をしたところ、被害者の遺体とみられる写真や遺体を切断したときに使用したとみられる包丁などを撮影した写真が57枚出てきた。男の当時の自宅の壁や風呂場を背景に被害者の遺体が撮影されていた画像データが動かぬ証拠となった。

男は2009年10月26日午後9時頃から深夜にかけて島根県の浜田市または益田市の周辺で被害者に暴力を振るい、窒息させて殺害。その後、自宅に運んで遺体を切断し、広島県の臥竜山に遺体を遺棄したと断定されたが、死亡していたので不起訴になった。

こうした流れからすると、不気味に符合するのが日テレ系のニュース番組に入り込んだ若い女性の声だ。

「すごく痛かった。何で私だけ？」

臥竜山の現場から中継するリポーターの声にかぶさるようにして、はっきりと聞こえる。状況的に別人の声が入り込んだとは思えず、被害者の声ではないかとネット上で騒然となった。

犯人の男は事故で亡くなる前、「大変なことをしてしまった」と周囲に打ち明けていたという。どちらかと言えば、軽微な罪で捕まった性犯罪者が恐ろしい快楽殺人鬼に成長を遂げていたということになる。

犯人の男には弟がいたが、男の犯行発覚後に姿を消した。両親も他界しており、もはや男の成育歴を語れる者はいない。こんなモンスターは一朝一夕で育つものではなく、幼少期は孤独で、両親とも関わりが希薄だったケースが多い。その逆に思春期になっても過干渉で、精神的なバランスを失って犯行に及ぶケースもある。

彼らはその間、殺人や暴力的な性行為の空想にふけり、現実に行動に移すのは20代後半から30代と言われている。

被害者の父親は私と同年齢である。事件によってどれほど苦しまれただろうか。どれほど胸を潰されただろうか。どれほど無念だっただろうか。あまりにも筆舌に尽くしがたい体験をされたに違いない。

あり得ないほど凶悪な犯罪の被害に遭われた被害者の冥福をお祈りして、本書の筆を置きたい。

２０２４年12月　　諸岡宏樹

実録 性犯罪ファイル
猟奇事件編

2025年2月27日　第1刷発行

著　者　　諸岡宏樹
発行人　　尾形誠規
編集人　　平林和史
発行所　　株式会社 鉄人社
〒162-0801 東京都新宿区山吹町332 オフィス87ビル3階
TEL 03-3528-9801　FAX 03-3528-9802
https://tetsujinsya.co.jp

デザイン　　鈴木 恵（細工場）
印刷・製本　モリモト印刷株式会社

ISBN978-4-86537-292-2　C0036